Heidi und Jörg Zink

Kriegt ein Hund im Himmel Flügel?

Heidi und Jörg Zink

Kriegt ein Hund im Himmel Flügel?

Religiöse Erziehung
in den ersten sechs Lebensjahren

Kreuz

Neue Fassung 2003
unter freundlicher Mithilfe von Regina Groot-Bramel

Inhalt

Vorwort

Als wir, meine Frau und ich, im jugendlichen Alter von fünfundvierzig Jahren waren und unsere Kinder im Begriff, das Haus zu verlassen, setzten wir uns zusammen und schrieben das Buch von dem Hund, der im Himmel womöglich Flügel bekommt. Inzwischen ist dieses gute Tier über 700 000mal über die Ladentische oder von Hand zu Hand gegangen, zu Müttern oder Vätern. Er war ein ungemein fleißiger Hund. Nach mehr als dreißig Jahren dachten wir, eigentlich sei er nun alt geworden, er sei in Ehren ergraut wie wir selbst und man dürfe sich von ihm mit einem zärtlichen Kraulen verabschieden. Als wir ihn danach hernahmen und noch einmal lasen, sträubten sich zwar nicht ihm, aber uns die Haare. Liebe Zeit! Was ist seitdem doch alles anders geworden! In den Familien – es gibt viele Alleinerziehende –, in den Kindergärten, in der Wissenschaft von der Erziehung und auch in unserem eigenen Verständnis des besonderen Christlichen in einer Erziehung! Armer Hund, dachten wir. Es ist deutlich, wir müssen dich in den Himmel entlassen! Und so beschlossen wir mit unserem Verleger zusammen, ihn nicht mehr neu aufzulegen.

Am selben Tag, zwei Stunden nach diesem Entschluss, meldete sich am Telefon eine frische, lebendige Frauenstimme:»Stimmt es denn, dass der Himmelhund nicht mehr lieferbar ist?«Ich gab zur Antwort:»Er ist es noch, aber er wird es bald nicht mehr sein.«»Aber das geht doch nicht, Sie können doch den ›Hund‹ nicht sterben lassen. Das ist doch ein Klassiker.«Ich meinte:»Ja, aber dann müsste ihn jemand ganz neu schreiben, und das kann ich mit meinen achtzig Jahren nicht gut sein.«Aber wir ließen uns von ihrem Tatendrang anstecken, und am Ende einigten wir uns darauf, die Anruferin, Regina Groot-Bramel, selbst gelernte Mutter von vier Kindern und zwei Pflegekindern und pädagogische Fachfrau, würde das Buch gründlich durchgehen und alle die Stellen notieren, an denen irgendetwas anders gesagt werden müsste, und wir, meine Frau und ich, würden danach unseren Hund vom Kopf bis zu den Pfoten gründlich waschen und bürsten und ihn nach einem guten Futter neu auf die Reise schicken.

Natürlich wird auch er eines Tages alt sein, und jemand Anderes wird sagen, wie nach seiner Auffassung religiöse Erziehung kleiner Kinder auszusehen habe. Man wird nie sagen können: Jetzt ist alles klar! Jetzt haben wir es! Damals, vor dreißig Jahren, sagte mir eine junge Mutter: »Wir sind wandernde Zigeuner!« Und das kann ich nur bestätigen. Aber lassen wir diesen verjüngten Hund für ein paar Jahre noch einmal in die Spielzimmer.

Dort hat sich viel verändert. Von dem, was vor dreißig Jahren an der Zeit war, muss fast alles neu gedacht, gesagt und getan werden. Damals war die antiautoritäre Erziehung große Mode, und unser Hund hatte die Aufgabe, gegen diese schreckliche Vereinfachung in aller Freundlichkeit anzubellen. Heute rufen viele nach einer klaren Führung für unsere Kinder, vorschulisches Lernen und Wissen spielt eine große Rolle, und es könnte unser Hund sein, der meint, an dieser oder jener Stelle sollten Kinder doch ein wenig freier leben dürfen. Da es hier aber um die religiösen Fragen geht, muss heute deutlicher und detaillierter erklärt werden, was vor dreißig Jahren noch allgemein vorausgesetzt werden konnte an religiösem Wissen und religiöser Praxis.

Vieles ist auch gleich geblieben. Wir haben damals, als wir dieses Buch schrieben, für die Kinder unseres Stadtteils eine Kinderfarm aufgebaut und eingerichtet mit Pferden und Eseln, Ziegen und Schafen, Hühnern und Gänsen, mit einem Hüttendorf für den Bau eigener Häuser, mit Werkstätten und Gartenbeeten und mit Reittherapie für behinderte Kinder. Privat, mit einigen Eltern zusammen. Vor einer Reihe von Jahren haben wir den Platz mit seinen Hunderten von Kindern an junge Nachfolger übergeben, und er blüht und gedeiht weiter. Der Gedanke war, dass Kinder, die auf Beton und auf Teppichböden aufwachsen, ohne den vitalen Umgang mit Tier und Pflanze und ohne die Möglichkeit, einen eigenen Lebensraum zu gestalten, oft einfach an ihrer Seele verarmen und verkümmern und dass es auch die Möglichkeit gibt, bei seelischen Schwierigkeiten mit einer Art elementarer Therapie einzugreifen. Hier hat sich nichts geändert.

Damals war freilich auch klar, dass die meisten Kinder in Familien zu Hause waren und dass wir uns vor allem an junge Eltern wenden müssten, für die es selbstverständlich war, Kinder zu haben. Heute planen viele ihr gemeinsames Leben erst für ihr dreißigstes oder späteres Jahr. Was wir uns von den Vätern gewünscht haben, nämlich dass sie sich in das Leben mit ihren Kindern stärker einbinden sollten, ist inzwischen Wirklichkeit. Aber es gibt heute über die kleine Familie hinaus die immer größer werdende Gruppe der Alleinerziehenden, es gibt das, was man die Patchworkfamilie nennt, in der die Lebensabschnittgefährtenschaft wechselt und die Zusammensetzung der Verwandtschaftsverhältnisse immer wieder neu und anders entsteht.

Was sich noch geändert hat, ist, dass Eltern heute weniger kirchlich gebunden oder engagiert sind als Eltern vor dreißig Jahren. Und wenn es auch falsch wäre, unsere Zeit als irreligiös zu bezeichnen, so haben viele doch einen weiteren Weg als damals, um aus den Glaubensvorstellungen heraus, denen sie selbst entwachsen sind, zu einer eigenen

Überzeugung in religiösen Dingen zu kommen. In vielen Menschen ist das religiöse Bewusstsein sehr allgemein und unsicher geworden, und auch die Erzieherinnen, die in den Kindergärten biblische Geschichten erzählen können, sind die Ausnahme geworden. Ganz allgemein kann es ja für heutige Menschen, die wissen, dass sie lernen und immer neu lernen müssen, durchaus nicht überraschend sein, wenn wir sagen, auch das religiöse Grundwissen müsse erst gewonnen werden, aus einer ungenauen allgemeinen religiösen Suche seien weiterführende Entwicklungsschritte nötig, damit der erwachsene Mensch zu einem Glauben findet, der sich vornehmen kann, Kinder auf irgendeine Weise weiterzuführen. Wenn wir jedenfalls hören, was für Fragen Kinder sich selbst und uns, den Erwachsenen, stellen, so meinen wir schon, es sei für substanzielle und zutreffende Antworten ein gewisses religiöses Wissen unentbehrlich.

Gespräche zwischen Kindern und Erwachsenen bringen es an den Tag, dass wir Erwachsenen viel weniger klar sehen, als die Kinder meinen, und unserer Sache viel weniger gewiss sind, als wir uns eingestehen. Mühelos geht uns das Wort »Gott« über die Lippen. Ein Kind fragt uns, wer das sei, und es stellt sich heraus, dass wir es auch nicht genau wissen. Es fragt nach Himmel und Ewigkeit und tausend anderen Geheimnissen, und wir merken, dass wir selbst viel zu wenig darüber nachdenken. Aber die Chancen stehen günstig: Warum soll das Gespräch mit Kindern uns nicht helfen, uns klar darüber zu werden, was für uns selbst eigentlich Wahrheit ist und auf was oder wen wir uns verlassen wollen?

Wir wollen auch nicht verschweigen, dass wir eine Familie für wünschenswert halten, in der die Verbindung zwischen den Eltern verlässlich und dauerhaft ist. Das ist heute alles andere als selbstverständlich. Aber wir glauben, dass nicht nur unter Christen, sondern überall, wo

Achten Sie darauf, dass Ihr Kind sich genauso entwickelt, wie es in den Illustrierten steht, und sich keine Extravaganzen erlaubt!

Kinder ihre ersten Schritte ins Leben machen, die alten, aus der Mode gekommenen Vorstellungen von Treue und von lebenslangem Zusammengehören weiter tragen als alle anderen Lösungen und dass Liebe, wie Kinder sie brauchen, sich eben doch in ihrer Verlässlichkeit erweist. Das soll nicht heißen, alleinerziehende Mütter oder Väter könnten einem Kind keinen zuverlässigen Halt bieten und ein Kind könnte in einer offenen und wechselnden Familie nicht seinen Weg finden und glücklich werden. Aber leichter, überzeugender und wirksamer wird das klare Zusammengehören von zwei Eltern mit ihren Kindern allemal sein.

Wir selbst, Eltern von vier Kindern und Großeltern von vier Enkeln, haben uns hier keine allgemeine Erziehungslehre vorgenommen. Das überlassen wir den Pädagogen. Wir sprechen nur von dem, was die Erziehungsbücher im allgemeinen aussparen, nämlich dem weiten Feld religiöser Fragen, die zwischen dem ersten und dem sechsten Le-

bensjahr wach werden. Denn wir meinen, sie gehörten mitten in die allgemeine Erziehung hinein und seien ein Teil von ihr. Noch mehr: Wir meinen, alle Erziehung, und wenn sie das religiöse Gebiet noch so sorgsam ausspart, sei im Guten oder Schlechten, bewusst oder unbewusst, auch religiöse Erziehung.

Es steht nicht alles, was man dazu sagen könnte, in diesem Buch. Wir geben nur ein paar Ratschläge und Hinweise, über die Väter und Mütter sich unterhalten können, um auf gute Ideen zu kommen. Denn man kann nicht religiöse Erziehung »nach dem Buch« machen. Jeder kann nur weitergeben, was ihm selbst wichtig ist, wenn er seinen Kindern gegenüber glaubwürdig bleiben will.

Und zuletzt: Pit Grove und andere Zeichner geben zwischendurch ihre lustigen Tipps, damit Lachen und Schmunzeln auch in der Arbeit des Nachdenkens über Erziehung und in den Kinderstuben nicht zu kurz kommen.

Wir denken acht Jahrzehnte zurück

Wir beide, Heidi und Jörg, möchten also mit Ihnen, liebe Leserin, lieber Leser, ein Gespräch führen. Wenn das gelingen soll, müssen Sie wissen, mit wem Sie es zu tun haben und vor welchem Hintergrund unsere Erfahrungen zu verstehen sind, die wir hier weitergeben möchten. Wir gehen also einen Augenblick zurück in unser beider Kindheit und deuten an, was damals war.

Ich, Heidi, habe viel Glück gehabt. Ich bin in einer guten, angesehenen Familie groß geworden, mit meinem Bruder zusammen. Meinen Vater, mit dem mich ein tiefes Vertrauen verband, habe ich nach einem langen Leben, das immer in schöner Nähe zu unserer Familie blieb, begraben, als er vierundachtzig Jahre alt war, meine Mutter, die eine umfassende Bildung mit politischer Tätigkeit verband, als sie dreiundneunzig war. Natürlich gab es manches, das es an Schwierigkeiten und Mühen und Ungereimtheiten in einer Familie geben kann, auch bei uns, aber im Ganzen war die Zugehörigkeit zu dieser Familie mir immer Grund zu großer Dankbarkeit. Mein Vater hatte sein Arbeitszimmer unmittelbar neben der Familienwohnung, und ich verbrachte als kleines Kind manche Stunde des Tages damit, dass ich auf den Knien meines Vaters saß, schweigend, um nicht zu stören, während er arbeitete. Und ich habe von diesem Platz bei ihm jenes Urvertrauen, das für Kinder so unendlich wichtig ist. Inzwischen habe ich vier Kinder zur Welt gebracht, mit denen uns – sie sind heute zwischen vierzig und fünfzig Jahre alt – eine völlig ungestörte Freundschaft verbindet. Es war alles so normal und so gut als nur möglich.

Mir, Jörg, erging es extrem anders. Ich habe meine Eltern früh verloren. Von meinem Vater blieben mir nur zwei Szenen in Erinnerung: Ich saß, dreijährig, mit meinen Brüdern und meinem Vater auf der Erde in einem Wald, und der Vater, ein Gärtner, zeigte uns eine Blume. Sie war, so meine ich mich zu erinnern, blau. Vielleicht ein Leberblümchen. Wenn ich später von der »blauen Blume« hörte, die Heinrich von Ofterdingen zu suchen auszog, so war es immer diese kleine Blume im Wald. Als mein Vater wenige Wochen nach dieser Szene starb, blieb er für mich verbunden mit ihr, denn mein Vater war für mich »weggegangen«, fortgezogen auf seiner Suche nach der »blauen Blume«. Er war in der damaligen Jugendbewegung ein Wandervogel gewesen. Ein Mensch mit einer großen Sehnsucht. Die zweite Szene, an die ich mich erinnere, ist die, dass ich an seinem Sterbebett stand. Später vermisste ich ihn kaum. Ich brauchte mich nie von ihm freizukämpfen. Sein Bild blieb unversehrt. Er lebte für mich immer in seiner weit offenen, mir durchaus vertrauten anderen Welt.

An meine Mutter habe ich überhaupt keine Erinnerungen. Sie war schon ein Jahr zuvor gestorben. Sie ist ein intensiv denkender und lebender Mensch gewesen, auf der Suche nach der Gerechtigkeit, die für sie die Basis des Gottesreichs unter den Menschen war. Einen alternativen Hof gründeten meine Eltern miteinander 1919, besitzlos mit anderen Besitzlosen wollten sie leben. Sie träumten von einer anderen Zukunft als dem Krieg, dem sie eben entronnen waren. Sie starb jung. Ich habe kein Bild von ihr, das meine Erinnerung hätte bewahren können. Aber sie begleitet meine Gedanken bis zum heutigen Tag. Gelegentlich träume ich von ihr, wenn irgendeine Entscheidung bevorsteht. Sie steht dann in einem bogigen Tor, in einem Licht, das durch das Tor fällt, in einem langen grauen Kleid. Sie hat in solchen Träumen nie ein Wort gesprochen, aber wenn ich danach aufwachte, war mir klar, was ich zu tun hätte. Ich kann eigentlich nicht sagen, es sei viel Liebevolles von ihr ausgegangen, eher etwas Strenges und Forderndes. Aber mein Vertrauen gehört ihr und ihrem Rat in ihrem schweigenden Dasein.

Nach dem Tod meiner Mutter heiratete mein Vater noch einmal. Aber sechs Wochen nach der Hochzeit starb auch er, und ich bin bei dieser zweiten Mutter aufgewachsen. Sie hatte aber alle Hände voll zu tun, nach einer Wohnung für vier Kinder zu suchen und in ihren Beruf zurückzukommen, und so setzte für mich das große Schiebespiel ein. Ich wurde zu dieser und zu jener Tante gebracht, war in mehreren Kinderheimen, auch einmal bei meinen Großeltern, und jede und jeder versuchte, mich anders zu erziehen. Ich habe mich damals, mit knapp vier Jahren, hart entschlossen, niemandem folgsam zu sein. Ich erinnere mich an den Satz, mit dem ich mich in meiner ersten Schulzeit meines eigenen Stehvermögens versicherte: »Mich erzieht keiner!« So war ich ein unhandliches Kind, und weder meine zweite Mutter noch irgendein Lehrer dürfte mit mir in jenen Jahren glücklich geworden sein.

So öffnete sich mir auch der religiöse Bereich nicht durch die häusliche oder schulische christliche Atmosphäre oder durch irgendeinen kirchlichen Unterricht, sondern auf meine sehr eigene Weise. Ich bin schon als Kind mit acht und zehn Jahren oft mutterseelenallein in den Wäldern meiner Heimat umhergestrichen, habe in den Höhlen der nahen Schwäbischen Alb auf zusammengetragenem trockenem Laub übernachtet, saß auf den Felsen und schaute völlig versunken über das Land hin. Ein kleines seidenes Zelt aus dem Besitz meines Vater war mir mehr Heimat als irgendein Haus auf dieser Erde.

Da geschah es nun immer wieder, dass sich mir die Wälder und die Talauen und die verstreuten Häuser verwandelten. Es wurde alles wie aus Glas, durchscheinend auf eine große Helligkeit zu. Es war ein sehr helles und warmes Licht, ein Leuchten aus dem Hintergrund der Dinge. Wenn es nach einer kurzen Zeit wieder verlosch und die Bäume und die Berge wieder dastanden, dann wusste ich: Diese hiesige Welt ist längst nicht das Ganze. Sie ist nicht einmal das Wichtige. Es gibt mehr. Es gibt eine Welt, die sich mir öffnen kann, und sie steht vor dem Hintergrund eines großen Lichts. Wenn ich heute von einem Diesseits oder von einem Jenseits spreche, dann meine ich nicht zwei Teile einer in sich aufgespaltenen Welt, sondern zwei Schichten einer ganzen. Und solche Erfahrung begleitet mich bis heute in immer wieder anderer Weise. Was fremd scheint, ist sehr nah. Was ich glaube, ist Wirklichkeit. Es ist so wirklich wie alles, was wir hier sehen oder ertasten. Sobald sich unsere Sinne öffnen, sehen wir, wie viel größer die Welt ist und dass sie nicht dunkel ist oder zwischen Licht und Dunkelheit hin und her flackert, sondern hintergründiges Licht ist. Ich weiß heute aus dem Umgang mit sehr vielen Kindern, dass viele von ihnen solche oder ganz andere Erfahrungen machen, ehe sie in die vordergründige Dingwelt hineinwachsen, die wir die Wirklichkeit nennen, und dass sie sehr wohl verstehen, was ihnen ihre eigenen Erfahrungen erzählen.

Meine Jugendzeit endete mit dem Eintritt des Achtzehnjährigen in die finstere Welt von Gewalt und Krieg, mit der Erfahrung des jungen Soldaten von der Entwürdigung des Menschen. Dreierlei haben wir damals gelernt: Das Gehorchen. Das Töten. Und das Sterben. Was mich heimlich hindurchgetragen hat, war jenes verborgene Leuchten im Innern der Welt.

Was mir seitdem klar ist, das ist, dass ich als Lehrender oder Erziehender niemals wissen kann, was einen jungen Menschen wirklich trägt. Was ich gelernt habe, ist dies, dass jedes Kind, ganz gleich, was es denkt oder wie es sich verhält, uneingeschränkten Respekt verdient, entschiedener noch, als der Erwachsene ihn nötig hat. Dass also Kinder nicht in erster Linie Objekte unserer Erziehung sind, sondern eher und oft genug vor unserer Erziehung geschützt werden müssen, damit das aus ihnen werden kann, nach dem ihr Herz ausschaut. Und das Dritte ist, dass Kinder nie nur von uns Erwachsenen zu lernen haben, dass es vielmehr uns Erwachsenen wohl ansteht anzunehmen, wir hätten hohen Gewinn davon, wenn wir von der Weise lernten, wie Kinder ihre Welt und Wirklichkeit und auch uns selbst, uns Erwachsene, aufnehmen. Vielleicht fänden wir selbst aus dem, was wir gelernt haben, leichter zu eigener Erfahrung. Denn nie wieder ist für uns die Welt so offen wie sie in unserer Kindheit war, und die eigene Erfahrung so überraschend von Tag zu Tag.

Man könnte sagen, meine religiöse Sozialisation sei am Ende geglückt. Aber sie ist auf eine andere Weise geglückt als die anderer Kinder. Was ich dabei gelernt habe, ist, ich hätte von keinem Kind zu verlangen, es müsse irgendeine einem Katalog entsprechende Sozialisation durchmachen. Ich habe gelernt, dass ich als Erziehender ein Hörender sein muss, ehe ich auch nur mit einem Wort von dem reden kann, was ein Kind von mir zu lernen hat.

Und das soll, auch wenn ich meine Meinungen manchmal mit Nachdruck vertrete, auch für das Gespräch gelten, das Sie, liebe Leserin, lieber Leser, mit meiner Frau und mir in diesem Buch führen.

Am Anfang steht ein Wunder

Das Geschenk und das Staunen

Wir haben jedes Mal, wenn wir ein eben geborenes eigenes Kind im Arm hielten, gestaunt. Es war jedes Mal ein neues Wunder. Natürlich ist es »normal«, dass es genau fünf kleine Zehen an seinen Füßchen hat und zwei kleine Arme an seinen Schultern. Aber wir vermuten, dass jeder, der sich noch einen Sinn bewahrt hat für das Nicht-Selbstverständliche, in einem gesunden Kind einen tiefen Grund sieht zum Staunen und zu einer großen Dankbarkeit. Und das Staunen wird weiter gehen. Mit jedem Wort, das zum ersten Mal aus seinem Mund kommt, wird es neu sein. Mit jedem neuen Zeichen von Lebensfreude und innerer Nähe. Mit jedem neuen Merkmal des Wachsens und Gedeihens. Und nach jeder überstandenen Gefahr.

Aber auch dem Kind selbst begegnet seine Welt auf eine Weise, die sein immer neues Staunen erregt. Das erste Gesicht, das es sieht, die Augen seiner Mutter oder ihre Hand oder ihr Mund, sind ihm neu und stimmen mit den Erwartungen überein, die in seiner ererbten Antwortfähigkeit liegen. Es erlebt eine Welt voller Rätsel, die sich allmählich Stück um Stück klären und öffnen, und sein kleines Gehirn ist darauf eingerichtet, dass es riesige Mengen an Erfahrungen zu speichern vermag. Dieses kindliche Gehirn ist eines der großen Wunder, und es ist dazu bestimmt, die vielen großen und kleinen Wunder, die es erfährt, in viele Antworten des Sagens oder Zeigens zu verwandeln.

Und beide, die Eltern und das Kind, verbindet wiederum das Staunen. Sie hören mit ihrem Kind zusammen zum ersten Mal, was eine Klapper an Tönen von sich gibt oder die Musik, die aus dem Nebenzimmer kommt. Sie sehen die Farben der Blumen, die auf dem Tisch stehen, das abendliche Licht im Garten, und erleben die erste Begegnung mit dem älteren Geschwisterchen. Sie staunen über die kleine Welt, die sie beide, die Eltern und das Kind, neu wahrnehmen und über ihre Fähigkeit, so viel Neues zu erleben. Das dankbare Staunen ist die Grundlage für alles Verstehen, alles Sehen und Beurteilen. Es ist kein Luxus. Wer staunen kann, sieht und hört mehr. Und er liebt mehr. Sogar die Erziehung gelingt leichter, wenn für Vater und Mutter das Kind wie ein Wunder ist, und ihre Zusammengehörigkeit mit ihm immer neu ein Wunder. Sie werden anders, näher und auch ohne großes pädagogisches Wissen richtiger mit ihm umgehen.

Das Lied einer jungen Mutter aus Zentralafrika spricht davon.

Du hast es mir geschenkt, das Kind

Mein Gott, du hast es mir geschenkt,
du willst, dass ich mit ihm spiele,
dass ich es auf dem Rücken trage,
dass ich es nähre.

Mein Gott,
trüge ich Gold auf meinem Rücken, es wäre nichts!
Kleidete ich mich in kostbarste Stoffe,
sie stünden mir nicht.
Schmückte ich mich mit edelsten Perlen,
sie verblassten wie Mondlicht.

Mein Gott, du hast es mir geschenkt,
du willst, dass ich mit ihm spiele,
dass ich es auf dem Rücken trage, dass ich es nähre.
So schreite ich zum Markt, froh und leichten Fußes –
das Kind auf dem Rücken.

Mein Gott, du hast es mir geschenkt!
Dir danke ich!

Denn das ist wirklich nicht selbstverständlich, dass es gesund, schön und normal entwickelt ist. Vielleicht bemerken Sie eines Tages, dass es seine Beinchen nicht gebrauchen kann, dass es nicht anfängt zu sprechen, wenn es dazu Zeit wäre, oder dass es Krämpfe bekommt. Vielleicht auch war es schon am Tag der Geburt deutlich: Dieses Kind ist geschädigt, es ist behindert, es ist krank und wird sein Leben lang krank bleiben. Was sollen Sie tun? Das erste, das wir raten möchten, ist: Machen Sie niemandem einen Vorwurf, weder sich selbst noch einem anderen. Manche Männer werfen ihren Frauen vor:»Du hast versagt. Du hast kein normales Kind zuwege gebracht.« Wir messen heute ja jeden Menschen nach seiner Leistung – und zu den Leistungen, die man von einer Mutter verlangt, gehört es, dass sie kräftige, gesunde Kinder zur Welt bringt – und merken gar nicht, wie ungerecht und falsch das ist. Natürlich können die Eltern auch zueinander sagen: Wir haben miteinander versagt. Das ist ebenso falsch. Im Normalfall haben weder der Vater noch die Mutter versagt, sondern sie haben miteinander eine Aufgabe zu übernehmen und ein Schicksal zu tragen. Sie haben ein Kind und sollen das Kind bejahen. Das ist sogar das Wichtigste, was ein krankes oder behindertes Kind nötig hat: dass es geliebt und bejaht wird und nicht von einem unsichtbaren Netz von Vorwürfen umgeben ist.

Deshalb ist es auch unfruchtbar, wenn die Frau darauf hinweist, dass der Großvater des Mannes auch schon behindert war und dass das Kind es über seinen Vater geerbt hat.»Das hat es von dir!« Mann und Frau haben einander geheiratet, und sie haben nicht zwei Schicksale, sondern ein gemeinsames, und nur, was in einer Ehe zu einem gemeinsamen Schicksal wird, können Mann und Frau tragen. So werden sie versuchen, den kleinen Menschen anzunehmen, der ihnen »zugewiesen« ist. Denn der ist ein eigener Mensch genau wie jeder gesunde und hat sein eigenes Schicksal und, vor allem, oft seine ganz eigene besondere Freude an seinem Leben. Und er bringt nicht selten einen ganz eigenen besonderen Reichtum in das Leben der Eltern und der Familie.

Wir kennen Familien, in denen von allem Anfang an das behinderte Kind von einer selbstverständlichen Liebe umgeben war und in denen es wie von selbst zu einem festen Band zwischen den Geschwistern geworden ist mit seiner unbefangenen Fröhlichkeit. Da kommt wieder das Staunen ins Spiel. Das Staunen darüber, wie viel mehr an Lebensfreude und an Zuneigung in einem solchen Kind lebendig sein kann als wir meinen und darüber, wie viel Liebe uns mit ihm verbinden kann.

Vielleicht möchten Sie es nicht recht glauben, aber wir sagen es aus langer Erfahrung: Von einem behinderten Menschen kann ebenso viel Liebe ausgehen und das Leben mit ihm kann uns ebenso erfüllen und reich machen wie von einem sogenannten normalen. Und oft haben wir auch den Eindruck, in manchem Behinderten komme etwas ganz Besonderes, ein Zeichen aus einer Welt, die uns unzugänglich ist, zu uns, es komme eine ganz eigene und geheimnisvolle Gnade in ihm in unser Leben herein. Das müssen Sie jetzt nicht glauben, aber es ist gut, wenn Sie sich für diese Erfahrung bereit halten als eine große Kostbarkeit, die von einem Leben mit einem behinderten Kind auf Sie zukommen könnte. Es ist die Erfahrung vieler Eltern und auch vieler Pfleger und Erzieher, die durch ihr langes Berufsleben mit behinderten Kindern umgegangen sind.

Die pädagogischen Rezepte wechseln wie das Wetter. Seit der Zeit, in der wir unsere eigenen Kinder bekamen, hätten wir unsere Erziehungsmethode, falls wir uns an das jeweils geltende Erziehungsprinzip hätten halten wollen, mindestens dreimal völlig umstellen müssen. Es ist merkwürdig, wie kurz die Theorien leben und wie aggressiv sie während ihrer kurzen Geltung verfochten werden. Es gibt aber kein erzieherisches Rezept, das für alle Eltern, für alle Kinder und für alle Situationen gelten könnte. Von unseren vier Kindern war jedes anders. Was für das eine gut war, wäre für das andere falsch gewesen. Wichtig und richtig ist letzten Endes ein aufmerksames Achten auf das Eigene, das ein Kind mitbringt, und eine liebevolle Antwort auf sein besonderes Wesen.

Für junge Väter und Mütter kommt es darauf an, das Vertrauen zu finden, dass Vieles, das Meiste und immer das Entscheidende »von allein« entsteht und wächst und gelingt, dass die Kräfte, die im Kind und in den Eltern sind, das Wichtigste schon selbst bewirken. Auch vor der Geburt geschah fast alles von selbst. Auch vor der Geburt kam alles darauf an, das Geschehen nicht zu stören. Dieses Vertrauen aber wird gerade auch in kritischen Situationen die Eltern mit ihren Kindern und auch die Eltern unter sich zusammenhalten.

Wenn wir Ihnen einen Rat geben dürfen: Lassen Sie keine Angst aufkommen. Machen Sie die starken und großen Erfahrungen der ersten Tage fruchtbar! Lassen Sie sich die Freude nicht nehmen, die mit Ihrem Kind in Ihr Leben hereingekommen ist und weiter hereinkommen will. Und vertrauen Sie darauf, dass das Gedeihen Ihres Kindes nur zum geringen Teil von Ihren pädagogischen Fähigkeiten abhängt. Dass es alles mitbringt, was es für dieses Leben braucht und dass von Ihnen nur verlangt ist, das Sie das Eigene Ihres Kindes achten und lieben und dass Sie tun, was für sein kleines Leben nötig ist. Was Sie mitbringen müssen, damit Ihre Erziehung gelingt, ist die Dankbarkeit und die Phantasie und das bedingungslose Stehen zur Ihrem Kind. Und das Staunen vor einem Wunder.

»*Siehst du, das kommt davon, wenn man immer an den Fingernägeln kaut!*«

Das erste Fest

An einem Fest spricht man Wünsche aus. Wir wünschen also dem Kind zum Fest seiner Geburt Gesundheit und frohes Gedeihen. Wir wünschen ihm, dass es ein glücklicher Mensch wird, von dem für andere Menschen Glück ausgeht, ein gesegneter Mensch, der anderen ein Segen ist. Den Eltern wünschen wir Freude an ihm und allen zusammen eine Zeit gesicherten Friedens.

Hört sich das mit dem Segen altmodisch an? Vielleicht. Und doch ist unser wichtigster Wunsch der, dass Gott dieses Kind segnen möge, das heißt alle Kräfte des Leibes, des Herzens und des Geistes wecken und fruchtbar machen und es einen Weg führen, auf dem es seine Aufgabe und sein Schicksal findet, zum Segen und Glück anderer.

Zum Fest der Geburt eines Kindes gehört darum, so meinen wir, die Stunde, in der wir es – vielleicht im alten Familientaufkleidchen – zur Kirche bringen und taufen lassen. Wir wissen nicht, wie wichtig Ihnen diese Sitte ist, aber wir meinen, alle spätere christliche Erziehung hänge mit der Taufe zusammen und baue auf ihr auf.

Zunächst ist es ja ganz einfach natürlich, dass Eltern, die ein schönes und gesundes Kind empfangen haben, etwas wie Dankbarkeit empfinden. Es hätte ja mit der Mutter und mit dem Kind auch alles ganz anders kommen können. Und so kann die Taufe für die Familie und die Paten bedeuten, dass sie ihr Kind dorthin bringen, wo wir uns vor Gott sammeln und dass sie etwa so empfinden oder sprechen:

Hier ist unser Kind.
Wir danken dir dafür.
Wir haben es uns nicht selbst gegeben.
Es gehört nicht uns.
Wir sind nur die Treuhänder an ihm.
Wir bitten dich, es zu behüten,
zu führen und zu segnen.
Wir bitten dich, bei ihm zu sein,
sein ganzes Leben hindurch
in allem, was ihm beschieden sein mag.

Man kann die Taufe auch als eine Art Adoption eines Menschen durch Gott beschreiben. Das ist natürlich ein Bild, ein Symbol, wenn Sie wollen. Dadurch, dass durch eine Frau und einen Mann ein Kind zur Welt kommt, ist es das Kind dieser Eltern und hat das Recht, Mutter und Vater zu ihnen zu sagen. Aber eines Tages wird dieses Kind seine Eltern verlieren, äußerlich oder innerlich. Auf wen will es sich dann verlassen, wo ist sein Rückhalt? Menschen, noch so geliebte, können das auf die Dauer nicht sein. So bitten wir in der Taufe Gott selbst, der dieses Kind geschaffen hat, er möge ihm ein Vater sein. Denn dadurch verändert sich für dieses Kind im Grunde alles. Es steht nicht angstvoll und bedroht einem Zufall oder einem Schicksal gegenüber, sondern kann, wo andere keinen Weg mehr sehen, wo sie am Wert und Sinn ihres Lebens verzagen, Vertrauen fassen und sagen: Vater im Himmel!

Vor allem aber erzählt uns bei einer Taufe das Wasser, was mit diesem Fest eigentlich gemeint ist. Denn das Wasser ist ein Symbol ebenso sehr für das Leben wie für den Tod. Wer in diese Welt kommt, wird in ihr eines Tages sterben. Es ist, als fiele er in ein großes Wasser. Wenn ihn nicht zuletzt einer herausholt, gibt es auf die Dauer kein Leben für ihn. Aber noch mehr: Wer in dieser Welt lebt, sieht, wenn er offene Augen hat, um sich her ein Meer von Leid und Angst, und je länger er lebt, desto mehr Menschen sieht er darin untergehen. Und vielleicht geht er selbst darin unter. Und endlich: Wer in diese Welt kommt, kann sich auf keine Weise davor bewahren, schuldig zu werden, und es gibt keinen Weg, von Schuld wieder frei zu werden als den, dass einer sie ihm abnimmt.

Früher war das alles deutlicher als heute. Früher tauchte man das ganze Kind ins Wasser, tief hinunter in die alten, tief ausgehauenen Taufsteine und holte es wieder heraus. Diese Taufsteine bildeten wie die untere Hälfte einer Kugel die untere Hälfte der Welt ab, die Welt, in der die Schuld, das Leid und der Tod das Sagen haben. Aber der Mensch, das sagt die Taufe, wird aus seinem Tod herausgeholt werden in ein anderes Leben.

Noch in der Zeit unserer Großeltern sagte man: »Wir heben ein Kind aus der Taufe.« Das Herausheben ist das Entscheidende. Es bedeutet die Rettung, die Auferstehung. Und diese Zukunft, diese Hoffnung ist es, was die Christen zu einer Kirche verbindet. Und eben aus diesem Grund wird das Kind durch die Taufe in die Kirche aufgenommen.

Heutzutage lässt ein Pfarrer dem Kind nur noch ein paar Tropfen Wasser über die Stirn laufen. Die Mütter sind froh darüber. (Wer weiß, ob den Kindern ihr kaltes Bad in den alten Domen immer gut bekommen ist.) Aber dadurch haben wir es eben schwerer, zu verstehen, dass dies alles im Grunde den Weg abbildet, den Jesus Christus gegangen ist. Ein Mensch, der getauft ist, kann sagen: Wie Jesus Christus lebt, so werde ich auch leben. Der Tod ist für mich nicht das Ende und nicht der Bankrott, sondern der Anfang eines ganz anderen, neuen Lebens. Was ich an Schuld auf mich geladen habe, wird mich nicht um dieses neue Leben bringen. Gott wird mich neu schaffen, und ich werde als ein neuer Mensch leben dürfen. Erlöst. Frei.

Wir bringen also mit der Taufe zum Ausdruck, dass wir

nicht, wie man immer wieder sagt,»nackte Affen« auf einem einsamen Stern sind und nicht Zufallsprodukte einer biologischen Entwicklung, sondern Menschen mit einem hohen, im Grunde unendlichen Wert. Die Taufe ist Grundlage für Vertrauen und Gelassenheit. Wer sich über die Taufe Gedanken gemacht hat, braucht sich nicht größer darzustellen als er ist, und er braucht auch nicht an sich selbst zu verzweifeln. Er kann sich selbst bejahen. Wie sollte er es nicht können, wenn er weiß, dass Gott ihn bejaht?

Diese große Gelassenheit, die die Taufe verleiht, kommt auch den Eltern im Blick auf ihr Kind zugute. Denn irgendwann kommt für fast jede Mutter und jeden Vater der Tag, an dem sie froh sind, dass sie die Verantwortung für das Leben und Gedeihen ihrer Kinder nicht allein tragen müssen. Die Taufe ist ein Trost für die Eltern, wenn sie an die Grenzen ihrer Erziehungskunst oder ihrer Kräfte kommen; und es hat wohl noch kaum eine Epoche gegeben, in der so viele Eltern so gründlich an diese Grenze kamen, wie die unsere.

Wenn ein Pfarrer ein Kind tauft, spricht er es mit seinem vollen Namen an. Damit will er sagen: Das gilt nicht irgendwelchen Menschen oder allen miteinander, es gilt für dich, Johannes, für dich, Natascha, für dich Daniel. Dich, diesen kleinen Menschen, hat Gott geschaffen, und zwar nicht, damit du stirbst, sondern damit du lebst.

Der Name ist überhaupt wichtig. Vieles, was mit dem kleinen Kind geschieht, geht ja an den Vätern vorbei. Sie können es nicht austragen und nicht zur Welt bringen und nicht stillen. Dazu hat man die Mütter. Aber so gut wie die Mütter können sie ihr Kind dann und wann trockenlegen, ihm die Flasche geben und vor allem mit ihm plaudern. Ihm etwas erzählen, auch wenn es die Worte noch nicht versteht, und vor allem immer wieder ihm seinen Namen sagen, so dass es immer wieder auch aus dem Mund des

Vaters hört, wie es heißt und wer es ist. Eines Tages wird es sich mit sich selbst abfinden und sich selbst bejahen müssen. Das wird ihm besser gelingen, wenn es früh gemerkt hat, dass da jemand ist, der es bejaht.

Wir lebten einmal an unserem Ferienort neben einer italienischen Familie, zu der ein drei Monate alter kleiner Sohn namens Giovanni gehörte. Anfangs vergnügten wir uns an dem begeisterten jungen Vater, der seine Tage damit zubrachte, mit dem Kind auf dem Arm durch die Wohnung oder durch den Garten zu gehen und ihm in allen Tonarten und Tonlagen zuzusprechen, zuzuflüstern und zuzusingen: Giovanni – Giovanni – Giovanni!

Am Ende fanden wir, es sci großartig und wunderbar, auf welche Weise hier ein Kind seinen Namen im Zusammenhang von Liebe und Zärtlichkeit, Nähe und Kraft hörte, und es könne für ein Kind wohl kaum eine schönere Weise geben, in sein eigenes Leben, das Leben des »Giovanni« hineinzuwachsen.

Wenn Sie also Ihrem Kind erzählen, es sei einmal getauft worden, dann können Sie seine beiden Namen deuten und sagen:

Du hast einen Vornamen. So heißt du. Du bist du. Mit deinem eigenen Gesicht. Mit deinen schwarzen Haaren und braunen Augen. Mit deiner eigenen Stimme. Du bist etwas Eigenes und etwas Besonderes. Und das sagt Gott in deiner Taufe zu dir:»So, wie du bist, kenne ich dich aus Millionen heraus. Und ich bewahre dich in meiner Hand. Ich führe dich. Ich liebe dich.« Und du hast einen Familiennamen. Den haben auch dein Vater und deine Mutter und deine Geschwister. So gehören wir zusammen. Wie deine Eltern heißen, so heißt du auch. Und Gott will, dass wir so zusammengehören und zusammenstehen und zusammenbleiben. Und das sagt dir Gott in der Taufe: Du gehörst zu allen den Menschen, die getauft sind wie du. Die bilden eine große Familie um unsere kleine Familie herum. Du brauchst nicht allein zu leben, auch wenn wir Eltern gestorben sind oder du meinst, niemand stehe zu dir. Die Gemeinschaft der Getauften, das ist die Gemeinschaft, zu der du auf alle Fälle gehörst.

Was ist religiöse Erziehung?

»Mutti, warst du auch einmal klein?«
»Natürlich.«
»Wer hat dich da gewickelt?«
»Die Großmutter.«
»Wer hat die Großmutter gewickelt?«
»Die Urgroßmutter.«
»Wer hat die Urgroßmutter gewickelt?«
Saskia hält sich an der Kommode fest und streckt sich, um zu sehen, wie das Brüderchen gewickelt wird. Eine lange Ahnenreihe gewickelter Urgroßmütter zieht vor dem geistigen Auge von Mutter und Tochter vorbei, bis sie schließlich, weil das Spiel so schön ist, bei Adam und Eva ankommen.

Adam und Eva freilich, das ist neu, brauchte man nicht zu wickeln. Sie waren schon groß, als Gott sie erschuf. Aber wer hat Gott zuerst gewickelt?

Vor der Logik eines dreijährigen Gehirns gibt es kein Entrinnen. Eine Frage folgt der anderen, bis die Mutter keine Antwort mehr weiß oder an der Richtigkeit ihrer Auskünfte irre wird. Müssen sich die Engel auch die Zähne putzen? Warum stechen die Schnaken? Kriegt ein Hund im Himmel Flügel?

Schließlich endet die Fahrt durch Himmel und Erde, weil der Postbote klingelt oder weil die Mutter mit ihrer Weisheit ins Schleudern kam. Wer soll da nicht ins Schleudern geraten, wo doch seit Jahrtausenden die gescheitesten Menschen an einem bestimmten Punkt zu Ende sind und sich mit »Ich weiß es nicht« begnügen müssen?

Und nach beendetem Gespräch? Danach beschleicht gelegentlich auch eine gelernte Mutter das Unbehagen, ob es nun eigentlich richtig oder falsch war, was sie sagte. Das mit Adam und Eva. Oder das mit dem Hund.

Und sie könnte sich fragen – wenn das alles doch so schwierig ist –, ob man denn einem Kind überhaupt religiöse Vorstellungen beibringen soll. Aber was wäre gewonnen? Mit dem bloßen Verschweigen oder Aussparen des Wortes »Gott« ist es ja auch nicht getan. Natürlich ist ein Kind in erster Linie von Gefühlen und Empfindungen beherrscht. Aber es denkt auch. Und es kommt auf alle Fälle irgendwann und irgendwie an die Grenze, an der es schwierig wird, Antworten zu geben.

Für ein Kind ist »das Religiöse« kein Sonderbereich, auf den es sich einlassen oder den es ignorieren könnte. Gott und die Engel kommen in derselben Welt und auf derselben Ebene vor wie der Bauklotz, die Puppenstube oder die Eisenbahn.

Für ein Kind steht »das Religiöse« immer in Wechselwirkung zu allem, was es sonst hört und sieht. Fast alles, was Eltern für ihr Kind tun, wie sie mit ihm umgehen, wie sie mit ihm spielen, was sie ihm erzählen, hat seine verborgene Bedeutung auch für die religiösen Vorstellungen, die in ihm entstehen. Und umgekehrt: Was das Kind sich unter »Gott« positiv oder negativ vorstellt, hat Auswirkungen auf sein ganzes Wachsen und Gedeihen.

Ein Kind kennt in den ersten vier oder fünf Jahren keine besonderen »religiösen Themen«, und doch entscheidet sich in dieser Zeit weithin, ob es sich später, wenn es größer ist, unter einem Gott, gar einem liebenden Gott, etwas vorstellen kann oder nicht. Ob es sich ihm anvertrauen kann, mit ihm reden und sein Schicksal von ihm annehmen. Ob es vor Gott Angst haben wird oder sich einreden muss, es gebe ihn nicht. Man könnte also sagen, alle Erziehung in den ersten Jahren sei – ob gut oder schlecht – auch religiöse Erziehung. Es komme also wohl darauf an, ganz einfach »gut und richtig« zu erziehen und im übrigen, ehe man das erste »religiöse« Wort spricht, nichts zu verderben. Aber was ist das, was man nicht verderben darf? Das Unbehagen macht aber auch vor einem Christen nicht Halt, der versucht, sein Kind »christlich zu erziehen«. Denn was ist das eigentlich, »christliche Erziehung«? Der Erwachsene erinnert sich, dass er im Kindergarten und in der Schule Lieder gelernt hat. Er erinnert sich an Geschichten, die die Erzieherin erzählt hat, und vielleicht an den einen oder anderen Vers, den die Mutter abends am Bett sprach. Aber das Unbehagen bleibt: Ist dies das Eigentliche, das man meint, wenn man von christlicher Erziehung spricht? Ist denn »Religion« doch wieder ein Sondergebiet, das vor allem im Lernen von Liedversen und im Aufpassen auf Geschichten besteht?

Man kann in dieser Sache Fehler machen und Fehler vermeiden. Man kann das Kind mit dem christlichen Glauben vertraut machen. Man kann ihm aber auch erklären, dies alles mit Gott und Himmel und Ewigkeit sei ein Märchen, und man tue gut daran, nur mit dem zu rechnen, was man vor Augen hat. Die Wahl ist frei. Aber es wird – bei geistig lebendigen Kindern zumal – nur schwer gelingen, das Thema auszusparen.

Aber noch einmal: Was ist eigentlich religiöse Erziehung? Wir reden hier noch nicht von christlicher Erziehung. Davon wird später die Rede sein. Nein, wir fragen hier: Was ist eine allgemeine Hinführung von Kindern zu religiösen Gedanken und Erfahrungen? Und wie kann das kindgerecht und zeitgemäß geschehen? Was gehört also zu den Vorstufen einer christlichen Erziehung? Wundern Sie sich nicht, wenn das, was wir hier »religiös« nennen, einen weiten Ausgangspunkt hat und einen weiten Umfang.

In einem ersten Umkreis ist religiöse Erziehung der Versuch, die Welt, in der ein Kind lebt, die es sich vorstellt, weit und offen zu halten. Dem Kind zu helfen, dass es seiner Umwelt mit allen ihren sichtbaren Problemen und Störungen gegenüber wach bleibt. Aufmerksam. Ihm zu helfen, mehr zu sehen als das Nächstliegende. Mehr zu hören als bloß das Lärmen des Verkehrs oder die Musik aus dem Radio. Sensibel zu sein gegenüber dem Leisen, dem Unauffälligen. Zu staunen über Neues, Anderes, Überraschendes. Respekt zu empfinden, wo etwas nicht verständlich ist und vielleicht anderen Menschen wichtig. Sensibel gegenüber dem Verletzlichen. Ihm zu helfen, mit allem, auch dem Unangenehmen, zu leben und ihm zu zeigen, dass nichts zugeschüttet werden muss oder ausgeschieden. Diese Offenheit bringt ein Kind in großem Maße mit. Der Erwachsene hat inzwischen gelernt, wie man verdrängt, vereinfacht oder aburteilt, wie man also seine Welt klein und übersichtlich hält. Ein Kind vor dem breiten Sensibilitätsverlust der Erwachsenenwelt zu bewahren, das könnte ein gutes Stück religiöser Erziehung sein oder religiöser Vorerziehung.

Dem würde danach die Freiheit entsprechen, die wir einem Kind eröffnen. Die Phantasie, mit der es die Lücken seines Wissens ausstopft, freihalten. Es malt. Es führt Gespräche mit seinem Bären. Es erfindet Wörter. Namen. Es macht Lärm und entdeckt dabei die Welt der Töne usw. Dass es den Mut findet oder jedenfalls der Mut ihm nicht ausgetrieben wird, selbst mit eigenen Gedanken zu denken, mit seinen Einfällen ernsthaft umzugehen, das Recht zu beanspruchen, so denken zu dürfen, wie es nach seinen Vorstellungen richtig ist. Das könnte ein Hilfe sein zum selbstständigen, auch religiösen, Nachdenken.

Und weiter: Alles Religiöse will ausgesprochen werden. Religiöse Erziehung könnte also heißen: dem Kind zu einer Sprache verhelfen, in der es sensible, neue, fremde, andersartige Dinge benennen kann. Zu einer Sprache, die ehrfürchtig umgeht mit Käfern, mit Menschen, mit Erfahrungen aller Art, so, dass das Kind genauer reden kann von dem, was es empfindet. So dass es genauer fragen kann und wir ihm hilfreicher antworten können. Für viele Dinge ist unsere Alltagssprache einfach nicht sensibel genug. Wenn uns für ein allzu vordergründiges Wort, mit dem ein Kind seine Frage stellt, ein behutsameres einfällt, das dasselbe genauer ausdrückt, dann haben wir ihm geholfen, auch mit der Sache, um die es sich handelt, behutsamer umzugehen. Wenn wir einen verächtlichen Ausdruck, mit dem ein Mensch in seiner Umgebung bezeichnet wird, ersetzen können durch ein Wort, das ihm gerechter wird, so helfen wir dem Kind, dem Menschen selbst, den es sieht, gerechter zu werden. All das ist Vorarbeit für die religiöse Erziehung.

Und zur religiösen Erziehung gehört auch, dass ein Kind verstehen lernt, dass es durchaus nicht auf jede Frage eine Antwort gibt. Dass eine Frage ihr Recht hat, auch wenn es darauf keine Antwort gibt. Wenn eine Mutter auf die Frage, wo der eben gestorbene Großvater jetzt sei, sagt:»Ich weiß es nicht,« dann hat sie dem Kind geholfen, eine Frage offen zu halten, und das kann wichtiger sein als irgendeine vorschnelle oder eine vorgetäuschte Antwort. Wenn man einem Kind sagt: Manche Leute sehen es so, andere so, dritte wieder ganz anders, dann hat man ihm, jedenfalls für die nächsten Schritte seines Denkens, geholfen zu verstehen, dass alle unsere religiösen Gedanken Deutungen sind, die mehr oder weniger nah an die Wahrheit heranreichen, aber niemals die pure Wahrheit sind. Dass die Wahrheit zu groß ist für unsere Gedanken, dass es sich aber lohnt, ihr nachzudenken, sie zu suchen, für sie offen zu sein. Und es kann vielleicht auch lernen, dass es zu einfach ist, mit irgendeiner handlichen Auskunft über ein Geheimnis hinwegzuhüpfen.

Wie gesagt: Das ist noch keine christliche Erziehung, aber es sind Anfangsschritte, notwendige, auch dafür, dass unser Kind danach verstehen lernt, was ihm seine Mutter oder seine Erzieherin über christliche Gedanken sagt oder zeigt. Es ist die Vorschule des Verstehens.

Sie sind Mutter oder Vater

Die Väter sind anders geworden –
und die Mütter auch

Wir erinnern uns, wie es vor nun mehr als fünfzig Jahren war: Als wir vom Arzt erbaten, dass wir in den Nächten der Geburt unserer Kinder miteinander im Kreißsaal sein dürften, da begegneten wir einem erstaunten Unverstehen.»Das gibt es doch nicht!«Wir konnten uns damals gegen alle Sitte und Gewohnheit durchsetzen und waren von den ersten Wehen bis zum Messen und Wiegen des Kindes zusammen. Und als ich als junger Mann mit dem Kinderwagen durch die Straßen fuhr, begegnete mir, wie Wilhelm Busch sagt, ein allgemeines »Schütteln des Kopfes«. Aber diese Zeit liegt zum Glück so weit zurück, dass man sich ihrer kaum noch erinnert. Heute bummeln die jungen Väter durch die Einkaufsstraßen mit dem um den Hals gehängten Tuch und einem Kind darin und geben ihm zwischendurch die Flasche. Es ist so selbstverständlich, dass es kaum mehr auffällt.

Der typische Vater der guten alten Zeit und noch des 19. Jahrhunderts war der Patriarch, den die Kinder ehrten und fürchteten, dem die Mutter demütig diente und der über allen Dingen thronte, unangreifbar, bisweilen gefährlich, auf alle Fälle in großer Überlegenheit über das Kind. Wenn die Kinder etwas vom Vater wollten, dann gingen sie ihren Weg über die Mutter. Die Mutter war die Helferin der Kinder gegen den Vater, den selbstherrlichen, manchmal gewalttätigen und unberechenbaren. Es ist sehr begreiflich, dass sich so im Mittelalter das Bild formte von dem gefährlichen Richter und Tyrannen Gott, dem »Vater«, gegen den das verschüchterte Menschenkind auf dieser Erde die Hilfe der fürbittenden Gottesmutter dringend brauchte.

Der typische Vater der Nachkriegsgeneration war der abwesende, immer tätige, eilige Schaffer, der unterwegs ist, bei Tag und Nacht, um Geld zu verdienen, der bisweilen als Gast ins Zimmer tritt und der dann ungestört sein will, um den die Mutter eine spanische Wand aus geflüsterten Mahnungen, doch ja recht stille zu sein, aufbaut. Vielleicht hängt die verbreitete damalige Zeitmeinung, Gott sei tot, auch mit der Tatsache zusammen, dass von den Vätern etliche Jahrzehnte lang so wenig ausgegangen ist.

Der typische Vater der kommenden zehn oder zwanzig Jahre, wenn man weiter noch nicht hinausdenken will, ist sowohl Vater wie Mutter, und er hat eine Frau, die ebensowohl Mutter wie Vater ist, die berufstätig ist oder studiert und die sich mit ihrem Mann die Pflege und Versorgung der Kinder teilt. Der typische Vater von heute ist der, der in der einen Hand ein Buch hat, aus dem er studiert, und in der anderen die Milchflasche, die er seinem Kind in den Mund steckt. Oder der, der sein Kind in der Frühe versorgt, weil seine Arbeit später beginnt als die seiner Frau.

Und vielleicht werden wir in zehn Jahren Väter haben, die Arbeitsverträge durchsetzen, in denen zwei Nachmittage in der Woche frei sind, so dass sie Hausmann sein können und die Frau frei wird für andere Dinge. Denn für die Kinder wäre es ungemein hilfreich, wenn sie beiden Eltern in ihrer unterschiedlichen Art nahe wären. Sie hätten die Möglichkeit, sich an dem Elternteil zu orientieren, mit dem das im Augenblick leichter möglich ist. Und niemand sage, dies hätte keine Folgen für die Qualität des Vaters, den sie sich »im Himmel« vorstellen sollen, denn das Gleichnis vom »Vater«, mit dem Gott gemeint ist, hat natürlich eine deutende Kraft, die von der Präsenz und Nähe des konkreten Vaters abhängt.

Was braucht denn ein Kind von seinem Vater? In der Welt des Kindes und seiner Gefühle und Empfindungen findet zu irgendeiner Zeit ein Wechsel statt: Anfangs bildet die Mutter für das Kind Gott ab. Später übernimmt diese Rolle der Vater, und zwar ganz einfach schon deshalb, weil nach der Tradition Gott als Vatergestalt vorgestellt wird, und das heißt eben als eine Art »Mann«, auch wenn das absurd wird, sobald man das Bild presst.

Ein kleines Mädchen schrieb denn auch an den lieben Gott folgenden Brief: »Lieber Gott, stimmt es, dass Jungen besser sind als Mädchen? Ich weiß, du bist ein Junge. Aber sei fair! Gisela.« Gott ist für die Kinder eben der Mann im Himmel, der ein gütiges, ein strenges, ein furchterregendes oder trauriges Gesicht macht, und in der Regel bedeutet »Gott der Vater« einem Kind so viel wie sein eigener Vater. In diesem Sinn treibt ein Vater, selbst wenn er nie ein religiöses Wort zu seinen Kindern sagt, täglich religiöse Erziehung. Ist er der Hauspolizist, mit dem die Mutter tagsüber droht (»Warte nur, bis der Vater heimkommt!«), dann gibt er eben auch für Gott das Bild eines Weltbüttels ab, der zum Drohen, Schelten und Strafen da ist. Ist er ein nervöser, unbeherrschter Mensch, der es nicht aushält, dass seine Kinder eigene Meinungen haben, und der alle Augenblicke beleidigt ist, wenn die Kinder ihm nicht zu Willen sind, dann kann es vorkommen, dass ein Kind den schönen Vers »Will Satan mich verschlingen, so lass die Englein singen: Dies Kind soll unverletzt sein« so missversteht (wie es geschehen ist!): »Will Vater mich verschlingen …« Und alsbald überträgt das Kind die Gefährlichkeit des Satans auch auf Gott, den »Vater«.

Ist er ein Choleriker, der plötzlich anfängt zu schreien, zu schlagen, das Kind in die Ecke zu stellen oder zur Tür hinauszuwerfen, ihm vorzuhalten, wie unordentlich und schmutzig es sei, wie störend der Lärm, den es erzeugt, dann wird es über kurz oder lang fürchten, auch Gott sei

Zwingen Sie sich auch in der Hetze des Alltags, Interesse und Verständnis für die Spiele Ihrer Kinder aufzubringen.

unberechenbar und launisch, und es hat die Wahl, in Angst vor Gott zu leben oder den Gedanken »Gott« überhaupt abzustoßen. Es hilft nichts mehr, wenn man ihm sagt: »Gott hat dich lieb«, denn das behauptet die Mutter hin und wieder auch von dem gewalttätigen Vater.

Ist er beruflich viel abwesend und wenn er heimkommt müde und unansprechbar, so dass die Mutter den Abend über ständig mahnt: »Sei still, der Vater ist müde, stör ihn jetzt nicht!«, dann kann es leicht passieren, dass das Kind Müdigkeit für ein Kennzeichen eines Vaters und auch Gott für müde, fern, unansprechbar und praktisch abwesend hält. Das ist übrigens ein wirkliches Problem. Wer will heute einem Kind versichern, es könne immer zu Gott kommen mit allen seinen Sorgen, zu jeder Stunde, denn Gott höre ihm immer zu, und hinzufügen: »Denn Gott ist wie ein Vater«? Das Kind wird sich sagen: »Der Vater ist doch gar nicht da! Also Gott sicher auch nicht.«

Uns selbst passierte es einmal in einer Zeit, in der der Vater ständig auf Dienstreisen war und in der Regel müde und abgespannt nach Hause kam, während die Mutter um ihre Gesundheit zu kämpfen hatte, dass wir uns bei Tisch mit den Kindern darüber unterhielten, woran man eigentlich merke, dass ein Mensch erwachsen sei. Langes Nachdenken. Dann die Vierjährige:»Das ist doch einfach! Erwachsen ist man, wenn man immer müde ist!«

Natürlich wollen wir nicht die Götter unserer Kinder sein. Aber was soll ein Junge später von Gott halten, wenn sein eigener Vater ständig mit ihm unzufrieden war, unablässig nörgelte und ihn mit seinem Ehrgeiz verfolgte, wenn er von seinem Vater immer nur Tadel und zu hohe Forderungen erlebte? Sich ganz von dem Bild der Eltern zu lösen und sich Gott unabhängig von früheren Erfahrungen vorzustellen, das erfordert lange Jahre, in denen ein Mensch reift und erwachsen wird. Längst nicht jeder schafft es, und mancher bemüht sich ein Leben lang vergeblich.

Was ist denn von einem Vater verlangt? Nicht, dass er ein gottähnliches Wesen ist, weder für seine Frau noch für sein Kind. Verlangt ist, dass er ein zuverlässiger und gütiger Mensch ist. Vielleicht steht er für das Kind mehr im Hintergrund und nicht überall in der Mitte wie die Mutter, aber aus diesem Hintergrund sollte er für das Kind die Gewähr bieten, dass das Leben kein Weg voller Stolperfallen ist, sondern dass es gewagt werden kann.

In der Welt des kleinen Kindes spielt das Haus eine große Rolle. Es ist eine Art Ersatz für die Geborgenheit im Mutterleib. Wenn das Kind anfängt zu laufen, verlässt es die Tür zunächst immer mit Vorsicht und kommt gleich wieder ins Haus, in die Wohnung zurück. Im Haus läuft es ebenso oft, um ja sicher zu sein, zur Mutter und stellt fest, dass sie noch da ist. Wenn wir später in der religiösen

Sprache vom »Haus Gottes« reden, von Heimkehr zu Gott, von der »Tür zu Gott«, die offen sei, so dass man immer wieder zurückkehren könne, knüpfen wir an die Erfahrung des kleinen Kindes an und rufen ihm ein warmes und erfülltes oder aber ein kahles und unheimatliches Haus in Erinnerung, vielleicht ohne zu ahnen, was es dabei empfindet.

Später wird es den Schritt aus der Tür immer wieder tun müssen, in einen Beruf hinaus, in einen anderen Menschenkreis, vielleicht in ein anderes Land und eine fremde Umgebung und wird dabei immer ein gewisses Maß an Heimatlosigkeit aushalten müssen. Auch der christliche Glaube wird ihm immer wieder den Mut abfordern, ein Wagnis einzugehen. Ob es dann das Vertrauen hat, dass man auch in der Fremde nicht verlassen ist, hängt daran, ob es ein Haus kannte, in das es zuverlässig immer wieder zurückkehren durfte.

Das wichtigste Gleichnis, das Jesus erzählt hat, berichtet von einem Sohn, der am Ende nach langen Irrwegen heimfindet. An der Tür zum Elternhaus steht der Vater und nimmt ihn auf. Natürlich ist hier von Gott die Rede und von der Art, wie er Menschen, die nach ihren unter Umständen langen und gefährlichen Irrwegen zurückfinden, aufnimmt. Aber das Bild dieses Vaters wird auch für die irdischen Väter immer wichtiger. Denn mancher kann heute auf keine Weise seine Kinder davor bewahren, sich in abenteuerliche Lebensversuche zu stürzen, fort von daheim, ohne Kontakt mit zu Hause, und manchmal geht heute eine solche Irrfahrt über Jahre. Entscheidend ist aber, dass das Kind draußen den Hausschlüssel in der Tasche hat und weiß: Meine Eltern haben gesagt: Du darfst immer und in jedem Zustand zurückkommen. Wir freuen uns, wenn du wieder da bist.

Jedes unserer vier Kinder hat seinerzeit an irgendeinem Tag erklärt, es verlasse das Haus endgültig und für alle

Ewigkeit. Und jedes ist nach wenigen Jahren wiedergekommen mit großer Selbstverständlichkeit und Freundlichkeit. Und heute herrscht ein völlig selbstverständliches Vertrauen, eine Freundschaft zwischen allen in der Familienrunde, als hätte es nie etwas anderes gegeben. Und zwar eine Freundschaft zwischen erwachsenen Menschen.

Es hat einmal einer gesagt:»Die Erde ist ein Himmelskörper, aber das Leben auf ihr ist höllisch.« Wir glauben nicht, dass Gott gewollt hat, dass seine Menschen in der Hölle leben. Aber das ist sicher, dass aus dieser Erde eine Hölle werden kann, wenn wir nicht aufeinander Acht geben, vor allem Eltern auf ihre Kinder. Und sicher ist auch, dass diese Erde eine gewisse Ähnlichkeit mit dem Himmel haben kann, wenn einer weiß, dass er nicht vor einer verschlossenen Tür steht, wenn er heimkommen will.

Alle Erziehung hat – heimliche oder offenkundige – religiöse Konsequenzen

An der Erfahrung mit Vater oder Mutter bildet sich also die Vorstellung, die sich ein kleines Kind im Laufe der Zeit von Gott macht. Ein paar Beispiele:

1. Beispiel: Von Mädchen oder sehr jungen Ehefrauen hört man immer wieder den schwärmerischen Satz: »Ach, ich möchte doch auch einmal so eine kleine, süße, lebendige Puppe!« Sie empfinden dabei wie spielende Kinder und gehen als Mutter mit ihren Kindern um, als wären diese ihr Spielzeug. Eine Puppe holt man aus dem Puppenwagen, herzt und küsst sie und trägt sie mit sich herum. Und wenn man davon genug hat, lässt man sie irgendwo liegen. Ist die Puppe aber nun ein Kind, dann genießt es zunächst das Spiel begeistert mit, und wenn die Mutter plötzlich genug hat und es unvermittelt wieder ins Bettchen zurücklegt und weggeht, dann kann es nur schwer begreifen, warum es einmal geliebt und gleich darauf wieder verlassen wird. Es will weiterspielen und schreit. Die Mutter wird ärgerlich, und gleich nach dem Küssen kommt das Schimpfen oder der Klaps, einfach so, ohne Grund. Die kleine Lena, der es so geht, wird im Laufe der Zeit finden, es sei in dieser Welt doch recht zufällig, ob es einem gut geht oder schlecht, ob man geliebt wird oder weggeschoben. Sie wird nur schwer das Gefühl gewinnen, Liebe und Glück seien verlässlich, und wenn sie später von Gott hört, wird sie auch ihm – der ja nicht einmal zu sehen ist! – nicht zutrauen (und zwar vielleicht ihr Leben lang), dass man sich auf ihn verlassen könne.

2. Beispiel: Dem kleinen Michael ergeht es anders, wenn auch nicht besser. Seine Mutter – wahrscheinlich hat sie es von ihrer Großmutter gelernt – ist überzeugt, man müsse Kinder »konsequent« erziehen. Die Kinder hätten sich an einen Fahrplan zu gewöhnen, es gebe auch bei Nacht keine Sonderbedienung, kein Nachgeben und kein Hätscheln bei jedem Wimmern. Michael lernt auf diese Weise, dass in dieser Welt eiserne Gesetze herrschen. Dass es klar und streng zugeht, dass man nichts geschenkt bekommt, sondern sich alles Schöne durch Bravheit und Gehorsam verdienen muss und dass Liebe und Zärtlichkeit auf alle Fälle erst nach erfüllter Pflicht kommen. Er wird es lernen, kein Zweifel. Er wird seine Erfahrung allerdings auch zur Grundlage seiner Vorstellung von Gott machen: vom gesetzesstrengen, fordernden Gott, dem man seine Liebe abverdienen muss. Er wird vielleicht sein Leben lang Drill und Einordnung wichtiger finden als Spiel und Phantasie. Vielleicht hat sein Urgroßvater auf den Kasernenhöfen und Schlachtfeldern seinerzeit noch so gelebt, wie man lebt, wenn man konsequent erzogen ist. Er hat gehorcht, er fügte sich und verlangte keine Sonderbedienung. Ob das gut war, ist eine andere Frage. Uns sind die Jungen und Mädchen von heute, die mit fünfzehn Jahren die Ordnung der Schulen und der Elternhäuser durcheinanderbringen, weil sie für eine ihnen wichtige Sache kämpfen und im Stillen darauf vertrauen, dass ihre Eltern sie trotzdem mögen, in mancher Hinsicht lieber. Denn durch die jungen Revoluzzer in ihrer nicht zu bändigenden Aufsässigkeit wird weniger zerstört als durch unsere Generation, die so unbegreiflich gehorsam war.

3. Beispiel: Man kann ein Kind auch dadurch allein lassen, dass man ihm einfach seinen Willen lässt. Der kleine Benjamin weiß, dass er nur einen Wunsch auszusprechen braucht. Er bekommt, was er will, auch die Schokolade

neben der Ladenkasse. Er braucht nur zu schreien, dann steht die Mutter da. Er kann mit der Wohnungseinrichtung tun, was er will. Er kann laufen, wohin er möchte. Das mag zunächst den Vorteil haben, dass er nicht gezwungen ist, sich seine Freiheit durch Proteste zu erzwingen. Aber ein Kind, das nie erlebt, dass ein anderer Wille sich gegen den seinen durchsetzt, wird auch von Gott am Ende erwarten, dass er ihm zu Willen sei. Es wird schließlich einem Gott, der ihm ein Schicksal zumutet, das nicht nach seinem Geschmack ist, die Freundschaft kündigen. Und dass das nicht nötig sei: ein Schicksal annehmen zu können, einen Willen gelten zu lassen, hinter dem Gott steht – das kann nur jemand meinen, der das Leben nicht kennt.

4. Beispiel: Die antiautoritäre Erziehung. Als unsere Kinder in das Alter kamen, selbst Kinder zu haben, herrschte in unserem Land eine starke Strömung, die alle Autorität ablehnte. Das erschien vielen Eltern dieser Generation wie eine Befreiung, und es war auch gut, dass sie als korrigierende Kraft in die frühere Gehorsamspädagogik einbrach. Aber Eltern und Erwachsene sind eben nun einmal diejenigen, an denen ein Kind sich orientiert, und wenn es von ihnen keine Orientierung bekommt, dann kann es das Glück seiner Freiheit kaum genießen. Die freie Beliebigkeit, mit der viele Erwachsene heute, ohne ihrer Welt mit korrigierenden Überzeugungen entgegentreten zu können, dem Verbrauchen und Haben-Wollen verfallen sind, könnte durchaus eine ihrer Ursachen in der Ideologie jener Zeit haben. Andererseits haben wir gelernt, zu unterscheiden zwischen einer freundlichen Führung und einer angemaßten Autorität, und werden heute weniger als damals uns scheuen, einem Kind Grenzen zu zeigen und Maßstäbe vorzuleben.

Vor einer solchen Liste von Fehlern könnte man nun resignieren und sagen: Auf irgendeine Art wird ja doch alles falsch, was ich auch tue. Aber die üblichen »normalen« Erziehungsfehler, die jedem passieren, hält ein normales Kind ohne weiteres aus, und so schwierig braucht es auch wieder nicht zu sein, ein Kind mit aller Zärtlichkeit zu lieben und ihm dabei die wichtige Erfahrung, dass sein Wille Grenzen hat, nicht schuldig zu bleiben. Und wenn ein Kind einmal anfangen konnte, seiner Umwelt zu vertrauen, dann verliert es sein Vertrauen nicht so leicht wieder und wird auch dem Gefährlichen und Schrecklichen im Leben standhalten können. Gab man ihm diese Möglichkeit aber in seiner ersten Zeit nicht, dann zieht sich eine unbestimmte, ihm selbst unerklärliche Angst und Unsicherheit durch sein ganzes Leben hin, auch dann, wenn es eigentlich glücklich sein könnte und zur Angst gar keinen Grund hat.

Soweit kann gelten, dass sich jede Art Erziehung konsequent auswirkt auch für das religiöse Bewusstsein. Freilich: Es gibt auch eine umgekehrte Entwicklung, und von ihr soll später die Rede sein.

Kinder dürfen Nein sagen,
aber auch die Eltern

Beide haben eine Stimme, mit der sie sagen können, was sie wollen. Beide haben Ohren, mit denen sie hören, was der andere will. Und beide sind freie Menschen. Wenigstens heute sind sie es. Sie haben es sicher hundertmal gehört, vielleicht von Ihren Eltern, vielleicht auch von Ihren Großeltern, dass heute eben alles nicht mehr so sei, vor allem nicht mehr so geordnet wie in früheren Zeiten. Daraus spricht die Müdigkeit einer Generation, die einen Weltkrieg erlebt hat und der Unruhe, der unaufhörlichen Veränderungen in unserer heutigen Zeit überdrüssig ist. Wenn man dann fragt, was denn früher so viel besser gewesen sei, dann ist man schnell bei der heutigen Erziehung: Ach, es war doch längst nicht so schwierig mit der Erziehung der Kinder! Die Kinder mussten gehorchen und haben wohl auch im Großen und Ganzen gehorcht – bis auf die, die als Schiffsjungen nach Amerika gingen –, die Kirche stand im Dorf, und die Autorität der Eltern, des Lehrers und des Pfarrers war von kleinen Lausbuben nicht so leicht umzuwerfen. Wenn die frech wurden, bekamen sie eins hinter die Ohren und wurden im Laufe der Zeit durch eine handfeste Erziehung brave Bürger, die auf die Idee, sich gegen ihre Eltern oder die Kirche oder den Staat aufzulehnen, gar nicht kamen.

Und heute? Da sind sie von der Wiege an aufsässig und eigensinnig, da gilt kaum ein Lehrer oder Meister mehr etwas, da hat fast kein Pfarrer mehr unangefochten seinen Platz als geistliche Autorität, da ist kein Gottesdienst und keine Bibel mehr heilig. Kein Wunder, dass es immer mehr bergab geht.

Das ist natürlich übertrieben. Es hat früher auch nicht

alles so wunderbar geklappt wie man es hinterher erzählt, und wir sind heute froh, wenn unsere Kinder freier reden. Wenn sie in unserer heutigen, schnellen Welt zurechtkommen wollen, müssen sie schärfer beobachten, selbstständiger nachdenken und freier aussprechen, was für Wege sie gehen wollen.

Aber was trifft denn ein Kind an, das in die Welt kommt und sich dort orientiert? Es trifft seine Eltern und vielleicht seine Geschwister an. Es hat nichts dazu getan. Die Eltern und die Geschwister sind da und wollen respektiert sein. Es trifft sich selbst an. Es ist das Älteste und muss mit seiner Rolle fertig werden. Es ist schön und wird bewundert. Es ist wenig begabt und kommt in der Schule nicht mit. Das hat es hinzunehmen und damit fertig zu werden. Es ist ein Mädchen und hat keine Chance, ein Junge zu werden, oder umgekehrt. Es hat Konkurrenten und Gegner, es wächst in einer Etagenwohnung auf, und die Nachbarkinder sind ein Teil seines Schicksals, der Welt, die es antrifft.

Es trifft aber noch mehr an, zum Beispiel Vorschriften: dass man leise sein soll im Treppenhaus, dass man nicht in der Nase bohrt und dass man seine Schulaufgaben macht, wenn man welche hat.

Ordnungen trifft es an: dass die Kleinen still sind, wenn die Großen reden, dass man nur etwas zu essen bekommt, wenn man rechtzeitig bei Tisch ist oder dass man morgens aufsteht, um in die Schule zu gehen.

Traditionen trifft es an. Das war schon immer so, sagt man ihm, wenn es fragt, warum es arme und reiche Leute gibt. Es trifft Tatsachen an, die nicht umzustoßen sind: dass man mit Herrn Müller und mit dem dicken Egon im Dorf sich gut stellen muss, wenn man seines Lebens froh werden will, und dass das Nachbarkind sich Comics kaufen darf, man selbst aber nicht.

Und vor allem trifft es Autoritäten an: Menschen, die sich hinter die Ordnungen und die Vorschriften und die Traditionen stellen und sagen: Das alles hast du zu respektieren.

Wir müssen uns in diese für uns so lange vergangene Situation einmal wieder hineindenken und uns die ungeheure Masse an Traditionen und Autoritäten vorstellen, die auf ein Kind zukommt, wenn es ins Leben tritt, und die von diesem Kind verarbeitet werden soll, indem es Forderungen erfüllt, Vorschriften beachtet und Leistungen vorweist.

Und eben damit ist das Problem der Generationen bereits fertig da. Denn nun bleibt dem jungen Menschen nur die Wahl zwischen Anpassung und Auflehnung. Er kann aus Angst oder aus Schwäche oder Gewinnsucht den Dreh herausfinden, nach dem man anerkannt wird, nach dem man sich angleicht und einpasst. Dann ist die Hälfte der Probleme des Lebens gelöst, allerdings auf Kosten der Selbstachtung. Und vielleicht bricht das Bedürfnis nach Selbstachtung in vorgerückten Jahren den Jüngeren gegenüber durch, als autoritäre Herrschaft, als Gewalttätigkeit, als Anspruch auf Gehorsam. Niemand herrscht so brutal wie der, der sich angepasst hat.

Die zweite Möglichkeit ist die der Auflehnung. Er kann sich weigern zu gehorchen. Er kann sich die Haare anders schneiden und färben als andere Leute und kann den Superweißeffekt heutiger Waschtechnik verhöhnen. Er kann das System der Schule verspotten und beweisen, wie zufällig das alles gerade so ist, wie es ist, und wie notwendig es ist zu ändern, zu zerstören, was nicht geändert werden kann, und für die Zerstörung von Ordnungen und die Missachtung von Autoritäten in Kauf nehmen, dass er seine Laufbahn in Gefahr bringt, dass er es zu nichts bringt als zu Träumen und dass er am Ende an der Härte der Tatsachen scheitert.

Denken Sie daran, dass Kinder immer genügend Raum für ihre Spiele brauchen.

Welchen Weg eine bestimmte Generation wählt, hängt in erster Linie davon ab, was die Elterngeneration getan hat. Es wird in der Regel das Gegenteil sein. Haben die Eltern revoltiert, dann suchen die Kinder das vernünftige Mittelmaß des Lebens. Haben die Großeltern einen Krieg heraufbeschworen, suchen die Eltern den Frieden. Haben die Eltern den Frieden gesucht und haben sie sich in Ruhe und Stille etabliert, suchen die Kinder die Revolution. Hat sich die Revolution uninteressant gemacht, suchen die Kinder die Anpassung, den Erfolg und die Karriere. Die letzten hundert Jahre lesen sich dazu wie ein Bilderbuch.

Früher waren die Kinder gehorsam, heute sind es die Eltern. »Kauf mir den Lutscher da.« Die gehorsame Mama kauft den Lutscher, damit sie ihre Ruhe hat. »Anita hat so ein schickes rotes Kleid. Ich will auch eins.« Die gehorsamen Eltern kaufen. »Mit meinem Roller kann man nicht mehr fahren. Die anderen haben alle einen schöneren.« Die Eltern kaufen. Das zieht sich durch die Kindheit von Millionen Kindern, dass sie immer, wenn die Meinungen auseinandergehen, damit rechnen können, dass ihre Eltern gehorchen. Die Eltern wollen sich unterhalten, und der Sprössling will seinen Krimi sehen. Selbstverständlich fügen sich die Eltern und unterhalten sich eben nicht. Ungehorsame Eltern wären ein Gewinn. Es könnte bedeuten, dass beide, Eltern und Kinder, die Freiheit haben, ihre Meinung zu sagen, abzuwägen und schließlich eine gerechte Lösung zu finden. Es käme zu besseren Gesprächen zwischen Eltern und Kindern. Man könnte einander mehr respektieren und besser verstehen.

Wir sind nicht der Meinung, Autorität sei eine überholte Sache. Sie wird nötig sein, solange es Kinder gibt, die sich in dieser Welt noch nicht recht auskennen. Aber wir sind gegen alles Autoritäre, das heißt gegen alle angemaßte, missbrauchte Autorität. Wir sind für Freiheit und selbstständiges Nachdenken bei allen Menschen, auch bei den kleinen. Ein junger Mann meinte einmal, er müsse unsere Tochter zum Ungehorsam erziehen. Wenn er meinte, zur Freiheit, dann sind wir einig. Wenn dieser Ungehorsam sich aber für alle Teile günstig auswirken soll, dann muss er von beiden Seiten her gelten, von den Eltern und den Kindern her.

Wie entsteht denn heute so etwas wie Autorität? Sicher nicht dadurch, dass man groß und gewaltig dasteht wie ein Denkmal, zu dem das Kind hinaufstaunt, sondern dadurch, dass man Antworten gibt. Das Kind fragt, weil es etwas nicht weiß oder nicht kann. Die Antwort, die eine Mutter oder ein Vater gibt, schafft, wenn sie gut ist, Autorität. Denn das Kind merkt: Hier kann ich fragen. Hier werde ich ernst genommen. Hier hört man mir zu. Hier gibt man mir Auskunft. Hier bekomme ich eine Hilfe. Wenn ich diesen Mann, den Vater, frage, komme ich besser zurecht. Und das gilt für jede Altersstufe bis in die Zeit, in der die Kinder ihre eigenen Familien gründen.

Autorität entsteht heute nur noch dort, wo die Alten und die Jungen sich gemeinsam bemühen, Spielregeln zu finden, die für die nächste Zukunft gelten können. Wer darum heute erzieht, muss dafür sorgen, dass das Kind so schnell und so gründlich wie möglich selbst denken lernt und selbst verantwortet, was es tun will. Und das beginnt, sobald ein Kind anfängt, Nein zu sagen.

Was hat heute Bestand? Gibt es denn irgendwo etwas, das nicht abgeht, wenn man daran kratzt? Gibt es etwas, das nicht umfällt, wenn man daran rüttelt? Gibt es etwas, das nicht cinbricht, wenn man darauf tritt? Unsere Kinder müssen, so wahr sie Kinder dieser Zeit sind, an den alten Bildern auch des christlichen Glaubens kratzen, an den Denkmälern auch der christlichen Geschichte rütteln und mit prüfendem Tritt auf den Boden treten, den wir ihnen als den Platz anbieten, auf dem sie stehen sollen.

Wie kann es heute zur Erfahrung einer Autorität kommen? Um das zu beurteilen, müssen wir trennen zwischen dem Vorbild und der Autorität. Ein junger Sportler nimmt sich einen großen Zehnkämpfer zum Vorbild. Er sieht ihm zu, er applaudiert ihm, er bewundert ihn, er setzt sich ein Ziel wie jener es tat, er kämpft wie jener, er nimmt sich in Zucht wie jener. Das Vorbild ist eine Menschengestalt, die etwas Überzeugendes an sich hat. Es verweist auf einen besonderen Menschen.

Eine Autorität ist etwas anderes. Es kann einem jungen Menschen geschehen, dass er einen Menschen kennen lernt, der von sich weg auf etwas anderes verweist. An ihm ist nicht seine Leistung oder sein Können entscheidend, sondern sozusagen seine Durchsichtigkeit auf etwas Größeres hin. Verweist also das Vorbild weiter auf die Fairness, die in seinem Sport gilt, dann wird es möglicherweise zu einer Autorität. Der Junge und sein Vorbild orientieren sich gemeinsam an etwas, das für beide gilt. Das heißt: Ihr Verhältnis ist nicht mehr einseitig, es wird zu einem gemeinsamen Bemühen um etwas, das für beide bestimmt ist.

So entsteht Autorität durch das Gespräch über das, was für Kinder wie für Eltern bindend und gültig ist. Wenn Sie als Väter oder Mütter Autoritäten sein wollen, dann wird Ihnen nichts daran liegen dürfen, dass Sie respektiert werden. Vielmehr wird Ihnen daran liegen müssen, dass Ihre Kinder durch Sie hindurch etwas Anderes, Größeres, Bleibendes begreifen: den Sinn, den Sie in Ihrem Leben sehen. Wenn Sie es als Christen tun wollen: Ihre und Ihrer Kinder Herkunft von Gott. Ihr und Ihrer Kinder gemeinsames Leben aus der Güte Gottes. Ihre und Ihrer Kinder gemeinsame Verantwortung vor Gott. Und wenn Sie kein Christ sind oder sein wollen, dann wird es immer etwas sein müssen, das größer ist als Sie selbst und dem Sie verpflichtet sind.

Dann aber liegt in unserer heutigen Situation eine große Chance: Keine Institution verstellt mehr den Blick. Keine Tradition braucht im Wege zu stehen. Keine Denkmäler großer Persönlichkeiten brauchen den Horizont zu beherrschen. In einer Zeit, in der alles auf den Menschen selbst und den Menschen allein abgestellt ist, haben Sie durchaus die Chance, Ihren Kindern das vor Augen zu stellen, wovon Sie selbst tatsächlich leben. Wir meinen, echte Autorität wachse heute eher leichter als früher, und wenn sie irgendwo sichtbar sei, wirke sie elementarer als in früheren Zeiten. Aber sie kann weniger als je in einem gewalttätigen Anspruch auf Herrschaft bestehen. Seit Jesus haben die Kinder das Recht, gegen den Gewaltanspruch irdischer Eltern an den himmlischen Vater zu appellieren. Seit Jesus haben die irdischen Eltern die Pflicht, ihre Kinder freizulassen, indem sie ihnen ihre eigene Zukunft gestatten, auch wenn die Eltern diese Zukunft nicht verstehen und nicht betreten werden. Seit Jesus gehört es zum Amt eines Vaters und einer Mutter, ihren Kindern Freiheit zu geben, ohne sie aus ihrer Liebe und ihrer offenen Gesprächsbereitschaft zu entlassen.

Warum wir die Ehe für wichtig halten

Wenn wir von »Ehe« reden, dann meinen wir alle wirklich auf Dauer angelegten Paarbeziehungen, auch die ohne Standesamt und kirchlichen Segen, und wir meinen, sie sei im Grunde durch nichts zu ersetzen. Wir wissen natürlich, wie gut es manchen Alleinerziehenden, ob Frau oder Mann, gelingt, ihrem Kind oder ihren Kindern ins Leben zu helfen. Wir sind auch weit davon entfernt, Scheidungen oder wechselnde Beziehungen zu verurteilen. Aber dass es für ein Kind besser ist, in einer festen Beziehung zwischen verlässlichen Eltern aufzuwachsen, wird uns niemand ausreden.

Das Menschenleben ist nun einmal so angelegt, dass zwei sagen: Wir gehören zusammen. Wir tun uns zusammen. Wir bleiben zusammen. Wir wollen unseren Weg gemeinsam gehen. Es mag auf dieser gemeinsamen Wanderung Biegungen und Wegkreuzungen geben, steile Stücke und unübersichtliche und auch solche, die man leicht und fröhlich geht, aber wir wollen miteinander sein und wollen gemeinsam unser Ziel finden. Ehe ist Liebe auf einem Weg. Wir finden es einfach gut, in dieser Welt von heute, in der nichts und alles gut ist, in der kaum jemand mehr auf wirklich bindende Entschlüsse eingestellt ist, in der die Beliebigkeit praktisch durch alles hindurchgeht, eines Tages einer Frage zu begegnen, die aufs Ganze geht und die unsere ganze Fähigkeit zu entscheiden erfordert und unsere Fähigkeit, zu ihr zu stehen:

Willst du den oder die von Herzen annehmen
und bejahen,
in Freud und Leid nicht verlassen,

an Leib und Seele schützen,
in aller Not zu ihm – zu ihr – stehen,
ihr – oder sein – Leben und Glück höher achten
   als das eigene
und den Bund der Ehe mit ihm – oder ihr –
heilig und unverletzt halten, bis der Tod euch scheidet?

So fragt natürlich kein Standesamt. Aber so fragen wir
Christen einander, und ich finde es gut, dass wir einmal im
Leben auf unser Stehvermögen angesprochen werden
und auf die Klarheit eines endgültigen Willens. Wir legen
damit unser eigenes, kostbares Leben mit dem des anderen zusammen und vertrauen darauf, dass es am Ende
reich sein wird. Und darin liegt nicht so sehr eine hohe
und steile Moral, sondern eine Quelle der Kraft und ein
starker und beständiger Trost.

Liebe auf einem Weg, das kann heißen: den anderen
gehen lassen und wieder treffen. Stehen bleiben und warten, bis er nachkommt. Gegenwärtig sein, wenn er sich
einfindet. Es sehen, wenn der andere wartet, und wieder
miteinander gehen. Es ist die Kunst, dem anderen Freiheit
zu geben, ohne ihn zu verlassen, ihm den Weg zu zeigen
und die Wegzeichen an den Bäumen, ohne ihn zu gängeln,
und unentwegt, von Schritt zu Schritt, das Gemeinsame
im Auge zu behalten.

Lieben auf dem Weg, das heißt, sich unterwegs rechtzeitig umsehen, ob der andere mitgehen will, und unter
Umständen einen anderen Weg suchen, der für beide gut
ist.

Denn das ist einer der schweren Irrtümer dieser Zeit:
Nicht die Freiheit ist das Erste. Nicht die Unabhängigkeit
gilt es zu verteidigen. Das Erste ist das zuverlässige Zusammengehören, und aus ihm erwächst die Freiheit. Nicht
das Ich, das große, wichtige Ich, steht am Anfang. Am Anfang steht die Hingabe, auch das selbstverständlich getra-

gene Opfer, und aus dem beiden entsteht der Mensch, der wirklich frei ist.

Denn die Liebe ist eine Kunst, durch die das Leben groß und weit wird, so groß und so weit, dass das ganze Schicksal eines anderen Menschen in ihm Raum findet. Niemand von uns kommt liebesfähig auf die Welt, aber jeder ist berufen, ein Liebender zu werden.

Eine zweite Krankheit dieser Zeit besteht in einer Art Lähmung der Seele. Da hören wir:

Mich liebt keiner. Wie soll ich jemand finden, den ich lieben kann?
Ich bin leider gehemmt, wie soll ich auf andere zugehen?
Ich habe niemand, der mich begleitet. Wie soll ich einen andern begleiten können?
Ich kann nichts tun, wer tut denn schon etwas für mich?
Ich habe selbst nichts, wie soll ich andere beschenken?
Ich bin unglücklich, wie soll ich andere glücklich machen?

Es ist eine tiefe Selbstbemitleidung. Eine Art seelischer Wehleidigkeit, die in tödlicher Stagnation endet. Und wenn wieder irgendeine prominente Schauspielerin oder Prinzessin sich scheiden lässt, dann heißt es in der Regenbogenpresse: Sie hat einfach kein Glück in der Liebe.

Wir möchten dazu sagen: Worauf wartest du? Liebe doch einmal wirklich mit Herz und Verstand und lege nicht so viel Wert auf dein eigenes Glück! Gib aus! Du wirst erleben, dass es dich reich macht. Wenn du Liebe erleben willst, dann liebe mit der ganzen Konsequenz, deren du fähig bist.

Und eine dritte Krankheit dieser Zeit ist die zu meinen, wer sich für einen anderen hingebe, könne sich selbst nicht verwirklichen. Der Irrtum ist sehr grundlegend der zu meinen, irgend jemand verwirkliche sich selbst. Denn wirklich wird einer immer nur, wenn etwas Fremdes auf ihn zukommt. Wenn er dieses Fremde annimmt und wenn der andere, der Fremde, ihm zu seiner wirklichen Gestalt verhilft. Wirklich wird ein Mensch nicht dadurch, dass er auf sich selbst einkurvt, sondern dadurch, dass er eine Herausforderung annimmt.

Was wir mit all dem meinen, ist ein Mensch, der auf seinen eigenen Beinen steht und die Herausforderung durch das, was ihm begegnet, annimmt. Ein Mensch, der etwas durchsteht. Der zu dem steht, was ihm zum Schicksal geworden ist.

Wenn eine Ehe ihren langen Weg durch dreißig oder fünfzig Jahre gegangen ist, dann werden die Töne der Begeisterung leiser. Dann lauten Liebeserklärungen vielleicht nur noch so: Ich bin froh, dass du da bist. Du hast mich in der Hand. Ich habe dich in der Hand. Ich fange dich auf, wenn es nötig ist. Ich lebe mit dir, wie du bist. Und vielleicht geht von dem Glück, das uns beschieden ist, ein wenig über auf die, die es vermissen. Denn wir wissen: Wo Liebe ist und das Glück auf dem langen Weg, da sind heilende Kräfte, und die gute, behütende Kraft, die von glücklichen Menschen ausgeht, ist am Ende der Sinn und die Bestimmung des Glücks.

Auf dem langen Weg wird der eine oder die andere müde, und sie dürfen das beide. Beide dürfen sagen: Ich kann nicht mehr, und sich der Hilfe des Anderen überlassen. Sie dürfen beide sagen: Ich weiß nicht mehr, was ich noch für dich sein kann, und der Andere braucht den, der so fragt, nicht mit schönen Worten zu täuschen. Wenn der Weg lang wird und mühsam, dann darf der Liebende auch einmal den Mut verlieren, ohne dass er aufhörte, geliebt zu sein. Dann muss einfach nur gelten, was immer gegolten hat: Wir gehören zusammen. Und am Ende wird der Trost unseres Lebens der sein, dass wir, auch wo unsere Liebe nichts mehr leistet, geliebt bleiben von Gott.

Ein junges Paar fragte mich einmal, was denn eine Ehe mit dem Glauben zu tun habe. Es gehe doch nicht um den Glauben, sondern um das Glück. Aber eine Ehe hat mit Glauben sehr viel zu tun. Woher weiß denn eine Frau, ob die Liebe ihres Mannes Belastungen aushält? Sie glaubt es und ist glücklich. Woher weiß er, ob seine Liebe wirklich Liebe ist und nicht vielleicht etwas ganz Anderes? Er glaubt an die Wahrheit seiner Liebe und wird dabei zur Liebe fähig. Und wie wollen sie durch dreißig oder fünfzig Jahre ihrer Zuverlässigkeit sicher sein? Sie glauben es einander und so kann die Ehe gelingen. Denn Glauben heißt ja nicht, ungenau denken. Es heißt, seiner Sache gewiss sein.

Wir, Heidi und Jörg, sind inzwischen alt. Wir blicken auf ein halbes Jahrhundert gemeinsamen Lebens zurück und sind dankbar, dass heute noch gilt, was immer gegolten hat. Jeder staunt eines Tages darüber, wie schnell er zur Generation der Eltern gehört und wie schnell zur Generation der Großeltern. Aber wir finden es schön, miteinander alt zu werden. Man lebt gelassener als in jungen Jahren. Und wacher. Man geht langsamer, wenn die Treppen hoch und die Berge steil sind. Aber man weiß auch genauer, worin das Glück besteht.

Man braucht einander öfter. Man macht vieles nicht mehr allein, sondern gemeinsam. Man verliert aber nicht an Wert, sondern ist kostbar darin, dass der andere einen braucht. Bert Brecht sagt das einmal so:

Der, den ich liebe, hat gesagt, dass er mich braucht.
Darum gebe ich auf mich Acht, sehe auf meinen Weg

und fürchte von jedem Regentropfen,
dass er mich erschlagen könnte.

Was war es denn, das uns getragen hat? Die Liebe allein
war es nicht. Denn es liegt ja nicht allein in unserer Hand,
dass etwas gelingt. Wenn etwas gedeihen darf, gelingen,
gut werden und heil bleiben, dann sprechen wir von einem »Segen«. Segen ist eine Kraft, die von oben kommt,
anderswoher als unsere eigenen Kräfte. Wo er ist, da
wächst etwas, da reift etwas. Er macht aus einem Menschenleben ein begnadetes Leben. Je länger wir den Wegen der Menschen auf dieser Erde zusehen, desto deutlicher empfinden wir: Alles Begegnen ist Gnade. Wer kann
schon machen, dass ihm ein Mensch begegnet, den er lieben kann? Alles Glück, alles Finden, alles Zusammenbleiben, alles Neu-anfangen-Können nach irgendeinem Unheil, alle Bewahrung, aller Friede ist ein Segen, den man
nur empfangen, aber niemals machen kann. Ein Geschenk. Und der Dank dafür ist das gemeinsame Leben.

Viele erziehen allein – und sie erziehen gut

Hier melden sich aber nun alle die Mütter und Väter zu Wort, die ihre Kinder allein aufziehen. Mütter, deren Männer gestorben sind, Mütter, die geschieden wurden, Väter, deren Frauen auf der Suche nach Selbstverwirklichung die Familie verlassen haben, und schließlich Mütter, bei denen eine Heirat mit dem Vater ihres Kindes nicht zustande kam.

Wenn der Vater von seiner Familie weggestorben ist, hat die Mutter durchaus die Möglichkeit, ihn, den Toten, einzubeziehen. Sie kann von ihm erzählen, ihn schildern und bei jeder Entscheidung in der Familie sagen: »Das hätte unser Vater so und so gemacht.« Ein solcher Vater kann den Kindern unter Umständen mehr bedeuten als mancher andere, der noch lebt, wenn die Mutter nicht der Gefahr erliegt, ein Heiligenbild aus ihm zu machen. Ein Vater oder eine Mutter, die nicht mehr da sind, können noch lange eine stille Autorität für ein Kind sein, wie ich, Jörg, es aus meiner Kindheit erzählt habe.

Größere Mühe haben die Kinder geschiedener Eltern oder unverheirateter Mütter. Die Gefahr ist dabei nicht so sehr das Fehlen des Vaters als vielmehr die oft so begreifliche und begründete Bitterkeit der Mutter, wenn sie von ihrem Mann verlassen worden ist. Denn die Hauptaufgabe, die ihr gestellt ist, wäre ja die: den Vater den Kindern trotzdem vertraut zu machen. Ihm gerechter zu werden, als er es verdient. Positiv und liebevoll von ihm zu sprechen, auch wenn sich das Herz dabei umdreht. Und das geht oft einfach gegen das Gefühl und über die Kraft. Aber es verbessert die Beziehung des Kindes zu seiner Mutter nicht, wenn sie den Vater schlecht macht. Sie müsste etwa schildern, dass sie ihn einmal geliebt hat (wenn das zutrifft) und dass er dann einen schweren Fehler beging. Das Positive sollte der Mensch sein, der er war und ist. Das Negative das, was er getan hat. Kein Kind verweigert einem Menschen das Zutrauen, weil er einen Fehler gemacht hat. Und dasselbe gilt natürlich von einer Mutter, die Mann und Kinder verlassen hat.

Selbstverständlich kann eine Ehe nach etlichen Jahren ehrlichen Bemühens so zerrüttet sein, dass die Scheidung der einzig vernünftige Ausweg ist und auch für die Kinder eine Wohltat. Aber die Leichtigkeit, mit der man heute über das Schicksal von Kindern hinweg die Ehen trennt, halten wir nicht für einen Fortschritt.

Die Bibel sagt über die Ehe etwas sehr Merkwürdiges: Wir Menschen dürfen uns darauf verlassen, dass wir mit Gott unmittelbar, unlösbar und endgültig zusammengehören. Daran entscheidet sich für uns, ob unser Leben Sinn hat. Dieser Sinn spiegelt sich in der engsten, festesten und schönsten Verbindung, die es unter Menschen gibt: in der Ehe. Wenn eine Ehe diesen Sinn hat, mag sie viel Verzicht in ein Leben bringen, sie bringt doch auf alle Fälle viel Geborgenheit, Verlässlichkeit und Freiheit hinein. Und dann werden viele der gängigen Ausreden, mit denen man eine Scheidung begründet und danach auseinander läuft, gegenstandslos.

So etwas zu sagen, hat natürlich nur unter Christen Sinn. Aber wenn uns daran liegt, dass unsere Kinder glauben lernen, dann können wir unmöglich von der Zuverlässigkeit Gottes reden und deren Spiegelung auf dieser Erde, unsere Ehe, leichten Herzens zerbrechen lassen.

Ich weiß nicht, ob wir uns darüber im Klaren sind, wie entscheidend wichtig für ein Kind der Gedanke sein oder werden kann, dass es aus einer Liebesgeschichte kommt. Eine unserer Töchter, zweijährig, saß auf dem Fußboden und spielte mit zwei Kleiderbürsten. Schließlich drückte sie die beiden mit ihrer weichen Borstenseite ineinander, strahlte und rief: Die mögen sich! Und drückte die beiden Bürsten überglücklich an sich.

Wir haben das Staunen verlernt, wir Heutigen. Wir nehmen alles Wunderbare selbstverständlich hin. Aber es wäre gut für uns, wir fingen wieder an zu begreifen, dass unser Ursprung in dem unergründlichen Geheimnis einer Liebe liegt, die weit über unsere Welt und Zeit hinaus reicht. Wir könnten wieder besser verstehen, warum das Geheimnis des Liebens so tief in unserem ganzen Wesen und Suchen verwurzelt ist, so tief, dass ohne dieses Geheimnis kein Leben wäre.

Vielleicht erzählen Sie Ihrem Kind einmal die zauberhafte, zarte Geschichte von dem König Abendlust und seiner Königin, von der Rose und der Aprikose, in Christian Morgensterns »Traumliedchen«:

Träum, Kindlein, träum,
im Garten stehn zwei Bäum'.

Der eine, der trägt Rosen,
der andre Aprikosen!

Da kommt der König Abendlust –
und steckt seiner Königin
eine Rose an die Brust.

Da reckt sich die Königin
mit ihrer Rose –
und pflückt dem Herrn König
eine Aprikose.

Der König bricht die Frucht
in zwei Stücke
und gibt eine Hälfte
der Frau Königin zurücke.

Drauf lassen sie beide sich's
trefflich munden.
Den Kern aber, den sie darinnen gefunden,
den Aprikosenkern, klein und fein,
den pflanzen sie
in ein Beet hinein.

Und dass er es dort
recht artig hat,
umwickelt ihn Frau Königin
mit einem Rosenblatt,

mit einem Rosenblatt,
mit einem Rosenblatt, auf dass es der Kern dort
recht lieblich hat.

Dort schlummert er lange,
dort schlummert er fest,
als wie ein Vöglein
in seinem Nest.

Träum, Kindlein, träum,
im Garten stehn zwei Bäum'.

Der eine, der trägt Rosen,
der andre Aprikosen!

Träum, Kindlein, träum …

Noch drei Fragen

Es kann Ihnen auch geschehen, dass Sie, die Frau, schwanger sind und ein Arzt Ihnen erklärt, das Kind, das Sie erwarten, werde behindert sein. Er rät zu einer Abtreibung. Wir möchten Sie nicht moralisch festlegen darauf, dass Sie es austragen müssen. Wir wollen nur eine Erfahrung berichten: Als ich, Heidi, einmal schwanger war, sagte uns der Arzt, das Kind werde vermutlich behindert sein und riet uns zur Abtreibung. Ich habe ihm damals erklärt, und Jörg tat es auch: Bei uns treibt man keine Kinder ab! Das Kind kam zur Welt. Es war ein gesundes Mädchen und ist heute eine fröhliche, aktive Frau und Mutter, an der wir unsere ganze Freude haben. Wir können uns nicht vorstellen, wie es wäre, wenn sie fehlte. Das ist nun, wie gesagt, keine Moralpredigt. Es mag durchaus Fälle, Krankheitszustände und Situationen geben, in denen eine Abtreibung der richtige Weg ist. Aber es ist eine Erfahrung. Und sie hat – für uns – Gewicht.

Es mag auch sein, dass Ihr Wunsch nach einem Kind nicht in Erfüllung geht. Und dass Ihnen zu einer In-vitro-Befruchtung geraten wird. Dann fragen Sie sich ehrlich nach dem Grund, warum Sie unbedingt ein Kind haben wollen. Soll es Ihr Bewusstsein, eine vollwertige Frau zu sein, stützen? Soll es Ihre Ehe retten? Dann sagen Sie sich klar, dass dazu ein Kind nicht dienen sollte. Und seien Sie sich darüber im Klaren, dass dadurch vielleicht ein Wunschtraum in Erfüllung gehen kann, dass aber bei allen Wunschträumen die Landung in der Realität hart und schwierig ist und mühsam.

Es mag auch sein, dass Sie Ihr Kind nicht gewollt haben und es als die große Störung in Ihr Leben hereingekom-

Eine gewisse Abneigung gegen Waschen und Wasser ist bei Kindern ganz normal.

men ist. Dann gibt es überhaupt nur eins: Dann entschließen Sie sich klar dazu, Ihrem Leben einen Stil und eine Prägung zu geben, innerhalb derer das Kind keine Störung mehr ist. Wenden Sie ihm auf alle Fälle Ihre ganze und volle Liebe zu. Wir hatten immer wieder mit Menschen zu tun, die wussten, dass sie unerwünscht gewesen und entsprechend karg und ungeliebt aufgewachsen waren. Sie kamen ihr ganzes Leben über diese Tatsache nicht hinweg. Bitte: Auch wenn es Ihnen zuweilen schwer fallen mag: Spielen und singen Sie mit Ihrem Kind, als wäre es die Erfüllung aller Ihrer Wünsche, plaudern und lachen Sie mit ihm. Und sagen Sie ihm – und das öfter als einem Wunschkind –, dass Sie es lieben und geben Sie ihm das Gefühl einer sicheren Geborgenheit. Sie werden auf diese Weise auch selbst sehr viel mehr Freude an ihm erleben.

Wie stellen sich Kinder »Gott« vor?

Religiöse Gespräche am Bügelbrett

Eine Bügelstunde ist, wenn man ein Kind im Fragealter hat, eine goldrichtige Gelegenheit für Gespräche. Die Mutter muss nicht zählen wie beim Stricken. Sie muss nicht auf den Kochtopf aufpassen. Sie muss nicht hin- und herlaufen. Sie hat Zeit nachzudenken, ehe sie ihre Antworten gibt. Das Leben ist hochinteressant, jedenfalls für das Kind. So vieles ist geheimnisvoll, so vieles verlockt. So vieles fasziniert. Also fragt es. Die Antwort soll klären und ordnen, Durchblick schaffen und Verstehen. Bilder, Träume, Erlebnisse, Gefahren stehen da und brauchen eine Erklärung.

Für die Mutter am Bügelbrett oder den Vater, der eben eine Lampe repariert, gilt es nun herauszufinden, woher die Frage kommt. Was sie will, was ihre Tragweite und ihre Wichtigkeit ausmacht. Auch, ob die Frage ernst gemeint ist oder nur Anlass zu einem Spiel sucht. Oder ob sich vielleicht ein dramatisches Erlebnis der letzten Tage darin verbirgt. Die Antwort aber ist aus vielen Gründen wichtig. Zum Beispiel deshalb, weil das Kind durch sie die Erfahrung macht, es lohne sich, wenn es von dem redet, was ihm Angst macht. Auch deshalb, weil durch sie die Eltern in die Lage kommen, das Denken ihres Kindes weiterzuführen. Auch etwa damit, dass sie die Gegenfrage stellen: Und was kannst du dir selbst dazu denken? So dass das Kind die Antwort nicht vom Erwachsenen bekommt, sondern ihr selbst auf die Spur kommen muss. Und die Antwort muss sozusagen im gleichen Format ergehen. Wenn das Kind eine Frage in Spielzeuggröße stellt, sollte die Antwort nicht die Größe eines Hauses haben. Wenn es im

Format eines Brotlaibs fragt, kann man es nicht mit Krümeln abspeisen.

Es beginnt beim Dreijährigen. Da haben wir ein Kind mit unstillbarer Neugier, ein Kind mit blühender Phantasie, das sich seine eigene Welt ausdenkt und sie mit seinen Einfällen füllt oder mit Geschichten, die es irgendwo aufgeschnappt hat, und das seine kleine reale Umwelt mit seiner Phantasie im Spiel mühelos verbindet. Alles, was es lernen kann, macht ihm Spaß, sein Gedächtnis ist jung und unverbraucht, alles hat Platz und bleibt hängen. Und dazu begeistert es sich an der Entdeckung, dass es »selber weiß«, »selber will«, »selber kann«, und entwickelt einen Freiheitsdrang, der nicht immer ganz ungefährlich ist.

Unzählige Dinge kommen ihm in die Hände, und alle brauchen sie einen Namen. Wenn sie keinen haben, bekommen sie ihn; denn wenn sie einen Namen haben, lassen sie sich einordnen und verstehen. Aber nicht nur der richtige Platz, den die Dinge in der Welt haben, ist ihm wichtig, sondern auch ihr Zweck und ihr Sinn. Darum fragt es. Und auf die Eltern kommt eine gründliche Prüfung ihres Wissens zu. Vor allem aber die Prüfung, ob sie Antworten finden, die dem kleinen Kopf einleuchten, denn Erwachsene und Kinder denken ja nicht gleich.

Wenn ein Kind fragt: »Warum ist es bei Nacht dunkel?«, dann gibt der Erwachsene, seiner Gewohnheit entsprechend, eine Ursache an: »Weil die Sonne fortgeht.« Das kann aber das Kind nicht befriedigen, und so fragt es weiter: »Warum geht die Sonne fort?« Und wenn der Erwachsene immer wieder Ursachen angibt, kommen die beiden miteinander mühelos bis zur Schöpfungsgeschichte.

Das Kind denkt aber vielleicht nicht so sehr an die Ursachen, sondern an den Sinn und Zweck, wenn es fragt: »Warum ist es bei Nacht dunkel?« Man kann ihm antworten: »Damit wir besser schlafen können und die Vögel und die Blumen auch. Und damit die Menschen auf der anderen Seite der Erde auch einmal Tag haben.« Es könnte also darum gehen, die Frage umzukehren: Vom Warum weg und zum Wozu hin. Natürlich wird man das Kind von seiner Frage aus in beide Richtungen führen und ihm auch erklären, welche Ursachen dafür sorgen, dass es Nacht wird, aber das Kind denkt nicht physikalisch, sondern vom Sinn her, und darauf zu achten, dass die Sinnfrage eine Antwort erhält, wird besonders bei religiösen Gesprächen wichtig. Wichtig ist auch, sich klar zu machen, dass das Kind zwar eine physikalische Erläuterung, wenn sie geschickt gegeben wird, beim ersten Mal begreift und dann nicht mehr zu fragen braucht, dass es aber bei Sinnfragen um etwas ganz Anderes als ums Wissen geht. Wer den Sinn einer Sache ergründen will, wird zuletzt immer vertrauen müssen, dass die Auskunft wahr ist. Er sucht also Gewissheit. Und Gewissheit findet man nicht beim ersten Mal, sondern vielleicht dann, wenn man dreimal gefragt hat und dreimal die gleiche Antwort erhielt – und zwar von einem Menschen, dem man vertraut.

Wie ist das nun? Kriegt ein Hund im Himmel Flügel? Ja oder nein?

»Wo war ich, bevor ich in der Mama war?« Es gibt zwei Möglichkeiten: »Du warst bei Gott« und: »Du warst noch nicht da. Es hat dich noch nicht gegeben.« Beides können wir verbinden. »Wenn wir ein Bild malen, dann nehmen wir ein Papier und die Stifte. Aber das Bild ist noch nicht da. Das müssen wir erst malen. So hat Gott dich gemacht. Dein Vater war da, und die Mutter war da, und dann hat Gott dich wachsen lassen, so ähnlich, wie wir jetzt ein Bild malen.«

Nun ist es natürlich kein Beinbruch, wenn die Mutter einmal keine Antwort weiß oder in der Eile keine geben kann. Aber das Kind muss wissen: Wenn ich frage, bekomme ich eine Antwort. Eine richtige. Ich werde nicht ausgelacht. Ich werde nicht fortgeschickt. Die Mutter sagt nicht:»Lass mich endlich in Frieden. Du siehst doch, dass ich keine Zeit habe.« Ich werde auch nicht für dumm verkauft. Der Vater sagt nicht:»Das verstehst du noch nicht.« Ich darf alles sagen, was ich denke, und sie hören mir zu.

Wenn es im Lauf der Zeit religiöse Dinge verstehen lernen und sein Interesse nicht nachlassen soll, wenn es den Mut haben soll, bei Zweifeln offene Gegenfragen zu stellen, die ihm weiterhelfen, dann muss es zuvor mit dem Spiel von Frage und Antwort gute Erfahrungen gemacht haben.

Und wenn die Mutter nicht Bescheid weiß? Das kann alle Tage geschehen. Dann ist es für das Kind wichtig, dass es merkt: Darüber ist die Mutter gar nicht erstaunt. Sie sagt vielleicht ganz gelassen: Ich weiß es nicht. Oder: Das weiß niemand. Oder: Das muss ich nachsehen, das weiß ich nicht auswendig. Oder: Da müssen wir Papa fragen, wenn er heute Abend heimkommt. Oder: Das müssen wir zwei miteinander überlegen. Kannst du dir etwas denken?

Außerdem merkt das Kind jeden Tag auf eine andere Weise, dass seine Mutter Grenzen hat. Grenzen ihrer Kraft, ihrer Geduld, ihrer Selbstbeherrschung. Warum soll sie nicht Grenzen auch in ihrem Wissen haben? Dass ein Erwachsener Grenzen hat, an denen er aus der Rolle fällt, das versteht jedes Kind und das braucht kein Kind um sein Vertrauen zu bringen.

Was es sucht, ist ein Gesprächspartner, der klar sagt, was er denkt. Wovon er überzeugt ist. Und der, wenn er etwas nicht weiß, ebenso klar sagt:»Das weiß ich nicht«.

Zu zeigen, dass man etwas nicht weiß, ist jedenfalls besser, als eine schnelle Antwort zu geben, die nicht einleuchtet, oder zu sagen:»Hör doch endlich mit der ewigen Fragerei auf!« Gerade bei religiösen Themen werden wir immer wieder an diese charakteristische Grenze geraten, und gerade hier wird das Kind schnell verstehen, dass es in dieser Welt nicht nur Antworten, sondern auch Rätsel und Geheimnisse gibt.

Wie ein Gottesbild entsteht

Eine Vorstellung von Gott bildet sich auf einem langen Weg und einem verschlungenen dazu, und zwar deshalb, weil die Fragen, die ein Kind in Bezug auf Gott stellt, immer zusammenhängen auch mit seiner eigenen Entwicklung, mit seiner Angst oder Neugier, seiner Zuversicht und seiner Lebenskraft oder mit seinem Wunsch nach Schutz und Bewahrung. Fragen nach Gott sollten so gut wie immer vor dem Hintergrund der großen Frage eines Kindes nach sich selbst gesehen werden. Wie fängt es denn an mit dem Bild von Gott?

Eine erste Stufe ist der »unsichtbare Begleiter«. Eine unserer Töchter hatte lange Zeit »Itte« bei sich. Eine Phantasiefigur, von der sie erzählte, die überaus lieb zu ihr war, dabei ungeheuer stark. Kein Kind aus dem Kindergarten könne mit ihr fertig werden. Für andere Kinder ist es ein Zauberer, der alle Wünsche erfüllen, der überall, auch im Keller, Licht machen kann usw.

Auf einer zweiten Stufe wird eine Mischung oder Verbindung entstehen zwischen dem, was die Erwachsenen Gott nennen, und dem Fernsehsandmännchen oder der Mickeymaus, und Gott bekommt ihre großen Ohren, damit er auch alles hören kann. Oder eine Mischung zwischen Gott und einem Engel oder einem Nikolaus, jedenfalls mit irgendeiner in der Wirklichkeit erscheinenden Figur. Da ist noch alles flüssig. Alles kann mit allem verbunden werden, und wir gehen in dem Spiel ein Stückweit mit; es beendet sich nach einiger Zeit von selbst.

Ein entscheidender Schritt zur Differenzierung zwischen Phantasiebild und Gott kann geschehen, wenn wir dem Kind von Jesus erzählen, denn Jesus lässt sich leicht von allen Spielfiguren trennen. Er hat gelebt wie andere Menschen. Er hat bestimmte Dinge getan und andere nicht getan. Er hat mit den Menschen geredet, hat sie geheilt und mit ihnen gegessen. Er ist am Ende gestorben. Dabei wächst das Kind allmählich in die Vorstellung hinein von etwas, das früher einmal war und das heute immer noch wichtig ist.

Wenn wir nun von Jesus erzählen, werden wir auch erzählen, wie Jesus mit Gott geredet hat, wie er uns rät, auch selbst mit Gott zu reden, und so lässt sich dann auch Gott selbst aus der Welt der Phantasiefiguren herauslösen. Wichtig bleibt freilich dabei, dass die ganze Phantasiewelt des Kindes etwas aussagt über seinen inneren Zustand, und wichtiger als korrigierend einzugreifen (»Ach, den Freund gibt es doch gar nicht!«) ist, das Kind von ihm erzählen zu lassen und es so »von innen« besser kennen zu lernen.

Was wir uns ab und an einmal klar machen müssen, ist aber das Andere: Die Bibel ist kein Lehrbuch, in dem wir nachschlagen können, wie Gott ist. Sie übermittelt uns nicht in fünf oder in zehn Sätzen: Das und das ist Gott. Vielmehr erzählt sie, Abraham habe mit Gott dies erlebt, Mose mit ihm das besprochen. Die Menschen jener Zeit hätten mit Gott bestimmte Erfahrungen gemacht, ein Psalmdichter habe an Gott das Eine oder das Andere gerühmt. Sie alle hätten etwas erlebt, das ihnen zeigte, Gott sei anders als sie ihn sich vorstellten. Am Anfang steht immer eine Erfahrung. Und diese Erfahrungen sind nicht leicht zu einem übereinstimmenden, runden Bild zu vereinen. Aber wichtig ist die Erfahrung. Indem wir dem Kind viel und täglich Anderes aus seiner nächsten Umgebung zeigen und seine Sinne für das Wunderbare, dem es dabei begegnet, schärfen, desto mehr und Genaueres wird es sich im Laufe der Zeit auch unter Gott vorstellen können. Nicht das Bild von Gott ist das Erste, das wir prägen müssen, sondern die Erfahrung einer Welt, in der es unzählige Hinweise gibt auf den Gott, der in allem und hinter allem ist und wirkt.

Ärgerlich ist nur, wenn immer wieder Menschen auf der Bildfläche erscheinen, die die seltsamen oder phantasierten Vorstellungen von Kindern lustig finden, während das Kind sie bitter ernst nimmt. Da gibt es immer wieder Leute, die sich amüsieren (»Habt ihr das gehört? Nein, wie köstlich!«), und das Kind kommt zu der Meinung, Erwachsene könnten einfach nichts verstehen. Manchen Leuten sollte man, wenn ein Kind etwas Eigenes und Originelles zum Ausdruck bringt, erst einmal den Mund verbieten. Lachen soll man viel mit dem Kind zusammen, aber niemals über das Kind oder über etwas, das es gesagt hat.

Urvertrauen und Glaube

Wenn wir mit den Augen des Psychologen nach den anfänglichen Bedingungen des Glaubens zurückfragen, dann stellen wir fest, dass das Kind keine fromme Seele mit auf die Welt bringt, aber ebenso wenig eine heidnische. Alles bildet sich erst. Alles muss das Kind erst lernen. Indem es beißt, entwickelt es seine Zähne. Indem es Zähne entwickelt, kann es beißen. Auch seine religiösen Fähigkeiten sind nicht einfach da. Sie entwickeln sich im Lauf einiger Jahre. Und ob sich allmählich eine Grundlage für religiöse Empfindungen bilden kann oder nicht, hängt davon ab, ob es liebevoll versorgt oder vernachlässigt wird, ob die Menschen um es her sich an ihm freuen oder ob sie es lästig finden. Entscheidend ist zunächst nicht, ob man ihm etwas vorsagt oder einprägt, zum Beispiel Verse und Lieder, oder das unterlässt. Entscheidend ist vielmehr, ob es seine kleine Welt erfreulich oder beängstigend findet, wohnlich oder kalt und fremd. Ohne dass wir vom christlichen Glauben reden, wächst in ihm entweder die Bereitschaft zu glauben oder sie verkümmert.

Man hat schon – ein wenig missverständlich – gesagt: Die Mutter ist der erste Gott für das Kind. Das ist gar nicht so falsch. Ein »Gott« ist ein allmächtiges Wesen, das alles kann, dem man ausgeliefert und von dem man abhängig ist und gegen das es keinen Widerstand und kein Aufbegehren gibt. Der Vater ist der zweite Gott. Er wirft einen in die Luft und fängt einen wieder auf. Und man kann gar nichts dagegen tun. Es ist auch schön. Aber der große Mann hat die Macht. So gibt es für das Kind nichts, was die Mutter nicht könnte. Sie gibt ihm zu essen und zu trinken, sie packt es warm ein, sie nimmt es auf ihre starken Arme oder an ihre Brust und legt es wieder in sein Bettchen. Wann sie will. Sie kann alles: Schmerzen lindern und Wärme schaffen, trösten und plaudern. Sie ist der Inbegriff für Glück und Wohlbehagen, und wenn sie fehlt, gibt es nichts auf der Welt, das an ihre Stelle treten könnte – außer einer anderen Frau, die dann auf dieselbe Weise zum Inbegriff des Glücks wird und Sicherheit und Behagen schafft. Und dasselbe gilt für den Vater, der sich die Zeit nimmt und Freude daran hat, sein Kind mitzuversorgen.

Der kleine Patrick kann durchaus feststellen, ob diese Welt schön und behaglich ist oder ob mit dem Leben in dieser Welt Hunger verbunden ist und Durst, ob man in ihr friert oder allein ist, ob man Bauchweh hat oder vor Lärm nicht schlafen kann. Er erlebt, dass die Mutter immer wieder kommt. Wenn es Zeit ist zu essen oder wenn man schreit. Er merkt, dass da jemand ist, der zuverlässig immer wieder da ist. Und so fängt er an, es für normal zu halten und sich darauf einzustellen, dass das Leben so eingerichtet ist:»Man meint zwar manchmal, man sei allein. Aber in Wirklichkeit ist doch immer jemand in der Nähe, wenn man ihn braucht.« Es entsteht im Kind eine Art »Ur-Vertrauen«, dass die Welt im großen und ganzen in Ordnung sei.

Wenn später in Ihrem Kind auch in religiösem Sinn Vertrauen entstehen soll, dann liegen hier die Voraussetzungen. Wenn es dem kleinen Patrick wohl ist, wenn er sich geborgen fühlt, wenn er Lust hat zu leben, dann wird ihm der Gedanke, dass Gott, der ihn geschaffen hat, ihn liebt, nicht überraschend und nicht fremd, sondern irgendwie ganz selbstverständlich sein. Hat er diese Erfahrung nicht gemacht, können Sie ihm erzählen, was Sie wollen, er wird mit einem solchen Glauben immer seine Mühe haben. Was das Kind am Anfang seiner Entwicklung braucht, ist eine feste, warme »Unterlage«, auf der es sich sicher fühlt. Von diesem Platz aus kann es ein starkes und gutes Lebensgefühl entwickeln und später vielleicht sogar sein ganzes Schicksal – auch mit allem Mühseligen und Schweren – bejahen.

Es ist gar nichts Sentimentales, sondern das Ergebnis einer Jahrtausende alten Erfahrung, wenn man dem kleinen Kind das Kind Jesus auf Bildern zeigt. Wenn dieses Kind in einer Krippe bei seiner Mutter liegt, auf ihrem Schoß sitzt oder auf ihrem Arm ruht, so bedeutet das ja unter anderem, dass dieses bei seiner Mutter geborgene Kind der Mensch ist, den Gott liebt und dass dieses von Gott geliebte Kind unser Kind selbst ist.

Doch bald wird die Welt größer als die Wiege oder der Arm der Mutter. Das Neugeborene weiß ja nicht, in was für eine Welt es hereinkommt. Es muss ja noch lange, nachdem es geboren ist, auf eine zweite Weise »zur Welt kommen«, zu der, die es umgibt und die es nicht kennt. Es muss den Alltag mit seinen vielen fremdartigen Ereignissen erst kennen lernen. Das Bedrohliche von Hilfreichem unterscheiden. Unterscheiden auch zwischen dem, was man sehen, und dem, was man nicht sehen kann. Unterscheiden zwischen dem Erreichbaren und dem, was irgendwie fern ist, was jenseits einer Grenze kommt.

Entscheidend wird dabei sein, ob ein Kind lernt, darüber zu sprechen. Dazu hat es Kameraden, Tanten, die Großeltern, vor allem aber die Mutter und den Vater. Es darf fragen und bekommt Antwort. Und es lernt dabei, klarer zu reden. Es erlangt Kenntnis über dies und das, und es sieht, wie andere, die Eltern zumal, mit den schwierigen Fragen leben. Information und Vorbild bringen es weiter. Vor allem, wenn das Gespräch von gleich zu gleich geführt wird. Auf der Ebene des gemeinsamen Suchens nach Wahrheit.

Was soll denn bei unserem Kind am Ende herauskommen, wenn wir über religiöse Dinge mit ihm reden? Es soll glauben lernen, sagt man. Aber was ist Glaube? Ist es Glaube, wenn ich sage: Ich glaube, dass Jesus Wunder getan hat? Ist es Glaube, wenn ich sage: Jesus war Gottes Sohn? Ist also Glaube ein Für-richtig-Halten von irgendetwas, und das nach Vorschrift? Nein, Glaube ist etwas Anderes. Glauben heißt, auf seinen eigenen Beinen stehen. Es heißt, einen Weg vor sich sehen und ein Ziel. Es heiß, Tatsachen anerkennen. Es heißt, unbefangen und ohne innere Bremsklötze auf Menschen zugehen können. Es heißt, zur Wahrheit stehen, die man erkannt hat. Es heißt, wieder aufstehen können, wenn man gestolpert ist. Es heißt, Angst, Leid, Schuld und Tod nicht verdrängen müssen. Es heißt, die Grenzen der eigenen Kraft erkennen. Es heißt, über Grenzen des Verstehens hinausdenken. Es heißt, sich öffnen für das, was uns von jenseits unserer Grenzen entgegenkommt. Und unter Christen heißt es: im Gespräch mit Gott leben. Auf die Stimme des Jesus von Nazaret hören. Mit Dankbarkeit antworten und mit dem Willen, zu lieben. Wissen, dass Gott nicht in unseren Wörtern und Bildern und in unseren Deutungen aufgeht, sondern dass er der ist, der alle unsere Worte und Bilder übersteigt, und dass wir trotzdem im Vertrauen und in großer Nähe mit ihm reden dürfen. Dass unser Schicksal von ihm kommt. Dass unsere Aufträge von ihm kommen. Dass unser Glück und der Segen in unserem Leben von ihm kommen.

Ob unser Kind im Lauf seines Lebens zu diesem Vertrauen findet, wird in seinen ersten Jahren mit vorentschieden.

Wie reden wir mit den Kindern darüber?

Wir sprechen von Gott immer in Bildern

Ein Kind wird im Lauf seiner Entwicklung lernen, sich immer besser und genauer auszudrücken. Es wird Bilder, die es gemalt hat, zu beschreiben lernen, also zwischen Bildern und Wörtern Verbindungen herzustellen. Und das ist für das religiöse Lernen deshalb wichtig, weil es keine Sprache gibt, die religiöse Erfahrungen mit bloßen Wörtern beschreiben könnte, und darum alle religiöse Sprache immer und von jeher in Bildern und Vergleichen redet. Erfahrung findet in einer Welt statt, in der es etwas zu sehen gibt. Und religiöse Sprache versucht, Erfahrungen mit nicht sinnlich Wahrnehmbarem sichtbar, anschaulich zu machen und so auszusprechen. Wenn ein Psalm sagt:»Gott ist meine Burg«, so ist das nicht primitiv, sondern die Weise, wie unsere Seele eine Erfahrung in ein Bild verwandelt und ausspricht. Wenn ich sage»Vater im Himmel«, dann ist das Wort »Vater« natürlich ein Bild. Wenn ich sage, Gott hat die Welt »gemacht«, so habe ich das Bild eines Handwerkers beigezogen, um etwas auszudrücken, was ich ohne ein solches oder anderes Bild nicht sagen könnte.

Wir bergen uns in die »Hände Gottes«, obwohl wir keine Vorstellung von Gottes »Aussehen« haben. Wir stehen »vor Gottes Angesicht«, obwohl wir annehmen, dass er kein Gesicht hat. Wir sagen zu einem geliebten Menschen:»Du mein Herz«, obwohl wir wissen, dass unser Herz ein Organ in uns selbst ist und keineswegs mit dem anderen, dem geliebten Menschen, identisch. Die Sprache, mit der unsere Seele sich ausdrückt, besteht in Bildern. Wir sind so angelegt, dass wir nur aussprechen können, was sich sehen, hören, fühlen, schmecken oder tasten lässt. Es kann einer die ganze Begriffssprache einer Wissenschaft eingeübt haben, aber wenn er einem anderen Menschen etwas davon mitteilen will, das für ihn wichtig ist, wird er es immer nur in Bildern ausdrücken können.

Die kleine Paula sollte eines Abends ein Gebet sprechen. Nach einer Weile stockender Versuche sagte sie müde und ratlos:»Ich will aber mit jemand sprechen, der ein Gesicht hat.« Und sie hat Recht. Wie soll sie zu Gott Vertrauen fassen, wenn sie nicht seinem Gesicht ansieht, ob er es gut oder böse mit ihr meint. Was nicht in irgendeinem Sinn »anschaulich« ist, zu dem finden wir kein lebendiges Verhältnis. Das ist der Sinn der Bilder.

Wir sprechen also von Gott dem »Vater«. Das heißt: Er ist einer, zu dem man reden kann, der schützende Kraft hat, der sagt, was wir tun sollen und auf was es im Leben ankommt. Aber es ist im Grunde eine Einseitigkeit, wenn wir Gott ins Bild eines Mannes fassen. Gott ist ebenso Mutter. Er ist ja nicht nur dieses »männliche Gegenüber«. Er ist auch der Raum, in dem ein Mensch lebt, die Luft, die er atmet. Und wenn Jesus sagt:»Es ist nicht nötig, dass ihr immer redet. Gott weiß, was ihr braucht, ehe ihr ihn bittet«, dann liegt hier mehr das Gleichnis von einem Kind, das im Arm seiner Mutter ist. Denn die Mutter weiß, was das Kind braucht. Das Kind braucht nicht zu beweisen, wie klug oder wie schön es ist. Es ist einfach das Kind und hat hier seine Sicherheit und seine Versorgung. Nicht alles muss es sich bewusst machen, und es bedarf im Arm einer Mutter keines Glaubensbekenntnisses, sondern nur des Vertrauens, und so umfasst ihr Arm Leib, Seele und Geist des Kindes. Entscheidend wird immer nur sein, dass wir uns darüber klar sind, dass beides, der »Vater« und die »Mutter«, Bilder sind, aus unserem Menschenleben genommen, und dass Gott weder Mann noch Frau ist, sondern eben, ganz anders, Gott.

Man sollte darauf achten, dass die Kinder beim Essen nicht mit vollem Mund reden.

Mit den Bildern, die wir gebrauchen, deuten wir in eine Richtung. Sie alle können wahr sein, solange sie andeuten, und hilfreich, solange sie uns etwas zeigen. Aber sie werden immer unter dem Vorbehalt stehen, dass sie an unserer Erfahrung zu prüfen sind und in unserem Glauben ihren Sinn gewinnen müssen. Sie werden immer das Schwebende, das Spielerische behalten, die Lebendigkeit, in der die Wahrheit nun einmal auf allen Ebenen unseres Lebens zu uns kommt und von uns nachgesprochen werden will.

Kinder brauchen ehrliche Auskünfte

Nun wird es leicht geschehen, dass ein Vater, eine Mutter eine Auskunft über den christlichen Glauben geben soll, die ihnen selbst unklar ist. Es mag ja sein, dass Ihr persönlicher Glaube gar nicht der eines Christen ist oder dass Sie erhebliche Zweifel daran haben, ob, was man im Namen des Christentums sagt, wahr sein kann. Der erste und grundlegende Fehler wäre nun der, dass Sie so tun wollten, als ob. Dass Sie also mit großen Worten vom »lieben Gott« erzählten, während Sie selbst davon überzeugt wären, es gebe ihn überhaupt nicht. Nach einiger Zeit merkt das Kind es, und dann ist mehr zerstört als aufgebaut. Die Bibel sagt ja nicht: Nur wer glaubt, kann richtig zuhören und nacherzählen; sie sagt nicht: Nur wer glaubt, hat das Recht, über die Dinge des Glaubens zu reden. Sie sagt: Wer dem Gespräch über Glaubensdinge nicht ausweicht, hat die Chance, eins ums andere im Lauf der Zeit zu begreifen und mit dem Glauben einen Anfang zu machen. Aller Umgang mit der Bibel und auch alles Beten sind ein Umgang mit dem eigenen Zweifel, aber eben ein Umgang in der Hoffnung, es könne sich daran etwas ändern.

Eine Regel kann man sich durchaus vornehmen: Das Kind fragt, wo jetzt die Oma sei, die man unlängst begraben hat. Soll man antworten:»Im Himmel«? Oder:»Ich weiß es nicht«? Oder:»Ich hoffe, im Himmel, aber ich weiß auch nichts Genaues«? Wie immer eine Antwort ausfallen mag, drei Gesichtspunkte möchten wir nennen:

Erstens: Reden Sie um die Frage Ihres Kindes auf keinen Fall herum. Der Zweifel ist ihm ja auch nicht fremd. Es fragt ja selbst auch: »Ist das bestimmt so?« Es hört die Geschichte von Jona und fragt: »War der ganz bestimmt bei dem Walfisch im Bauch?« Sie könnten zum Beispiel antworten: »Das weiß ich nicht so genau. Jedenfalls hat er schreckliche Angst gehabt in dem wilden Meer, und Gott hat ihn gerettet. Dass einer, der so viel Angst hat wie Jona, trotzdem mit Gott sprechen kann und dass Gott ihm helfen kann, das ist sicher. Und das ist an der Geschichte wichtig.«

Zweitens: Machen Sie sich ganz deutlich, was Ihnen an Ihrem persönlichen Glauben – ob christlich oder nicht – das Wichtigste ist. Wenn Sie zum Beispiel mit der Auferstehung Jesu nichts anfangen können, aber wichtig finden, was er den Menschen gesagt hat – die Bergpredigt oder die Geschichten vom barmherzigen Samariter oder vom verlorenen Sohn oder das Vaterunser –, dann beziehen Sie alles, was Ihr Kind fragt, darauf. »Ob die drei Frauen den Engel wirklich gesehen haben, das weiß ich nicht. Aber dass Jesus uns gesagt hat, Gott habe uns lieb und wir brauchten uns auch vor dem Tod nicht zu fürchten, das ist mir wichtig.« Und das Kind wird das, was Ihnen wichtig ist, gut verstehen.

Drittens: Reden Sie mit Ihrem Kind genauso ernsthaft, wie wenn es erwachsen wäre. Was Ihnen selbst als Antwort auf eine schwere Frage nicht genügt, das wird auch einem nachdenklichen Kind nicht lange ausreichen.

Sie haben in der Weihnachtszeit einen Engel aus Papier auf einem Regal stehen, und ihr Kind fragt: »Engel? Gibt es die?« Dann nützt es wenig, wenn Sie sagen: »Natürlich!« oder: »Ach nein, das sind nur Bilder, die man halt an Weihnachten aufstellt.« Es nützt auch nichts, wenn Sie sagen: »Darüber können wir später einmal reden, wenn du groß bist.« Das Kind will es ja jetzt wissen. Und es ist wichtig, ob es sich Gott anwesend vorstellen kann, wenn abends im Zimmer das Licht gelöscht wird und es allein ist. Oder ob Gott Boten schickt, die dann wirklich um einen her sind. Die Vorstellung von Engeln hatte immer schon, seit Jahrtausenden, den Sinn, dass der kleine Mensch dem Gott, der so unendlich fern war, näher kam. Und immer drückten die Engel aus, dass Gott ein redender Gott sei. Dass er ein naher, ein behütender Gott sei. Dass Gott eine Botschaft für uns habe. Dass es unmittelbare Erfahrungen mit Gott gebe, Begegnungen mit Gott, die man nun beschreiben will. Dass Gott für uns Wege hat, die wir gehen können, um ihn zu finden. Und das gilt nun auch von uns selbst: Gott möchte, dass wir an einem Engel sehen, was aus uns selbst werden soll. Dass wir für andere Menschen Boten Gottes werden sollen, die seine Liebe und seine Anrede zu ihnen bringen.

Sicher ist: Wer sich einredet, er habe mit sich und seinem Glauben keine Schwierigkeiten, und seine Kinder dürften folglich auch nicht von Zweifeln geplagt sein, der geht an der Wirklichkeit vorbei. Der Zweifel ist der Schatten, der den Glauben ständig begleitet, auch den Glauben der Kinder und die ersten Versuche, es mit ihm zu wagen. Diesen Zweifel muss man aussprechen dürfen. Der Zweifel ist keine Sünde und kein Unrecht, er ist nur eben eine mühsame Suche nach der Wahrheit. Und dass diese Suche nach Gott eine Mühe und eine Last ist, das darf man auch im Gebet aussprechen: Du, das macht mir große Mühe!

Wir können uns nicht vornehmen: Ab heute lasse ich den Zweifel hinter mir. Aber wir wenden uns gegen ihn und lassen nicht zu, dass er unseren Glauben zerstört. Wir nehmen es mit ihm auf und gewinnen dabei zugleich Klarheit über uns selbst.

Und vor allem: Wir reden mit einem zweifelnden Kind gerade nicht nur über unseren festen Glauben, sondern auch über unseren eigenen Zweifel und wie wir mit ihm umgehen.

Wenn ein Kind lernen soll, im Laufe seines Lebens den Zugang zu Gott immer wieder zu finden, nachdem es ihn verloren hatte, dann wird ihm das am leichtesten gelingen, wenn die Eltern es von Anfang an auf ihren eigenen Weg mitnehmen, auf dem die Zweifel ja auch herumliegen, die Bedenken und die Hindernisse, an dessen Ende sie aber immer wieder das Vertrauen und die Hoffnung suchen und finden können.

Wenn Sie einem Kind auf Fragen dieser Art antworten, machen Sie sich zuerst klar: Was ist das Beste, das ich glaube oder glauben möchte? Was sind die wichtigsten Einsichten, die ich als erwachsener Mensch seit meiner Kindheit gewonnen habe? Was ist das Schönste, das ich meinem Kind sagen kann? Und es wird Ihnen sicher eine gute Antwort einfallen. Bedenken Sie aber dabei immer eine alte pädagogische Erfahrung: Wir Erwachsenen sind immer eher geneigt, das Kind für einfältiger zu halten als es ist, als ihm zu viel an Nachdenken zuzumuten. Die Unterforderung ist die größere Gefahr als die Überforderung. Wenn ein Kind zu wenig zu denken bekommt, wird es bei seiner Frage stehen bleiben und keine Antwort mitnehmen. Wenn ihm unsere Antwort zu hoch ist, wird es eher angeregt, weiterzudenken. Das ist aber wichtig. Ein Kind soll nur Antworten bekommen, mit denen es im nächsten Jahr auch noch etwas anfängt, und im Grunde solche, mit denen es erwachsen werden kann.

Schwere Fragen verharmlosen hilft nicht

Ein Nachbarkind wird überfahren, und Ihr Kind ist nicht weniger erschüttert als Sie selbst. »Warum hat Gott das getan?«, fragt es. Bitte, nehmen Sie diese Frage so ernst wie sie ist. Sagen Sie nicht: »Du brauchst keine Angst zu haben. Dich behütet Gott.« Er hat das andere Kind ja auch nicht behütet. Aber wie kann man darüber sprechen? Wir meinen, in vier Schritten:

Erstens: Es kommt nichts dabei heraus, wenn wir fragen: Warum? Es ist Gottes Geheimnis, warum er so etwas tut, warum die einen achtzig Jahre alt werden und die anderen als kleine Kinder sterben. Aber wir glauben, dass Gott mit jedem Menschen einen Plan hat. Auf den verlassen wir uns, und wir müssen Acht geben, dass wir diesen Plan nicht durch Leichtsinn stören. Wir dürfen unser Leben nicht aufs Spiel setzen, aber wir brauchen auch nicht überängstlich zu sein, Gott hat uns auf alle Fälle in der Hand, jetzt in diesem Leben und nach unserem Tod auch.

Zweitens: Es ist traurig, dass wir immer Sorgen haben müssen: Ob der Vater gesund heimkommt, ob das Brüderchen seine Krankheit übersteht, ob die Mutter ein gesundes Kind bekommt. Aber meinst du nicht, dass wir viel gleichgültiger wären und viel liebloser miteinander umgingen, wenn wir wüssten: Jeder wird achtzig Jahre alt? So aber ist jeder Mensch, den wir lieben, ein kostbares Geschenk von Gott, und niemand weiß, wie lange er uns anvertraut bleibt.

Drittens: Wir dürfen nicht vergessen, an das Nachbarkind und seine Eltern und Geschwister im Abendgebet besonders zu denken.

Viertens: Wir merken uns den Tag gut, an dem das Kind gestorben ist, und bringen im nächsten Jahr ein paar Blumen hinüber. Im nächsten Jahr denkt nämlich kaum noch jemand daran, und dann ist die Familie mit ihrem Kummer ganz allein.

Hinter einem solchen Thema stecken mehrere Fragen. Zunächst wird man immer, wenn gefragt wird: Warum tut Gott das? sagen müssen, dass wir darauf keine Antwort haben. Gott ist geheimnisvoll, und wir kennen seine Gedanken nicht.

Dahinter erhebt sich aber die zweite Frage: Wenn wir doch aus der Bibel wissen, dass Gott barmherzig ist und uns liebt, kann es dann sein, dass er ein Kind überfahren lässt? Unsere Antwort wird dann lauten müssen: Ja, das kann sein. Und zuletzt erhebt sich die dritte Frage: Wenn das sein kann, was sollen wir dann über diesen Gott denken? Spätestens an diesem Punkt kommt es darauf an, dass wir uns auf Jesus berufen. Wir werden andernfalls nichts weiter sagen können. Wir verlassen uns darauf, dass das, was Jesus über Gott sagt, zutrifft. Wir nehmen es ihm ab. Und Jesus sagt gegen allen Augenschein, dass Gott zuverlässig ist, dass er uns einen guten Weg führen wird und dass er uns nicht verlässt.

Es wird Ihnen gehen, wie es uns mit unseren Kindern ging: Wir staunten immer wieder, wie ernsthaft Kinder über Schuld und Leid, über den Tod, das Angsthaben oder das Unrecht in der Welt nachdenken können. Mit dreieinhalb Jahren stellte eine unserer Töchter tiefsinnig fest: »Immer, wenn ich böse bin, meine ich, die Mama ist böse und alle anderen Leute sind böse und nur ich nicht.« Kinder können schon früh unter dem Dunkel leiden, das in ihnen selbst ist, auch wenn man ihnen nie gesagt hat, sie seien »böse«. Kinder äußern manchmal Einsichten, gegen die wir Erwachsenen uns längst erfolgreich abgedichtet haben, und geben uns dabei wundervolle Gelegenheiten, mit ihnen Gespräche zu führen.

Eine unserer Töchter – vierjährig – bittet eines Tages ihre Großmutter, sie solle mit ihr das Vaterunser beten, abends, am Bettchen. Die Großmutter tut es und schließt: »Denn dein ist das Reich und die Kraft und die Herrlichkeit in Ewigkeit. Amen.« Pause. Darauf die Kleine mit blitzenden Augen: »Aber meine Herrlichkeit will ich selber behalten! Und meine Kraft geb ich auch nicht her!« Ein Kind, das nicht einfach nachspricht, was schön und fromm klingt, hat vielleicht einen weiteren Weg zum Glauben, aber wenn es ihn findet, wird es wissen, was es glaubt.

Es gibt Spinat. Der kleine David soll das Tischgebet sprechen. Verstockt sitzt er vor dem grünen Zeug. Schließlich: »Komm, Herr Jesus, sei unser Gast, dann siehst du, was du uns bescheret hast!« Dass man für Spinat auch noch danken soll, das ist eine Idee, auf die nur die Erwachsenen kommen können! Aber wer von den Erwachsenen bringt es fertig, für sein Schicksal dankbar zu sein, wenn es ihm Kummer und Mühe bringt oder ihm öde und sinnlos scheint? Die Wege sind weit und der Widerstand begreiflich, und die Dankbarkeit setzt eine Einsicht und eine Kraft voraus, die mancher erst nach einem langen Leben findet und die man bei einem Kind auf keinen Fall voraussetzen darf.

Mit drei Jahren fiel eines unserer Kinder auf der Straße und tat sich weh. Während es von der Mutter gesäubert und getröstet wurde, seufzte es: »Wenn doch der Gott leben würde!« Die Mutter meinte: »Aber der lebt doch!« Darauf die Kleine empört: »Dann hätte er mich aber nicht so hinfallen lassen brauchen!« Die Erfahrung, die das Kind machte, und die empörte Kritik an Gottes Weltregierung wollen nicht übergangen und nicht mit einem Verweis beantwortet (»So etwas sagt man nicht!«), sondern ernsthaft mit dem Kind zusammen durchgestanden werden.

Es ist wichtig, dass schon das kleine Kind nicht mit einem harmlosen lieben Gott zu tun hat, sondern mit einem Gott, der sein Geheimnis bewahrt und uns in seinen Willen durchaus nicht immer Einblick gewährt, der uns aber Augen und Ohren gegeben hat, damit wir auf uns und die anderen aufpassen.

Wir möchten nun aber noch einmal dringend davor warnen, über solche »Kinderwitze« vor den Ohren der Kinder allzu vergnügt zu lachen. Wir wollen doch lieber, dass sie sich mit uns ernsthaft unterhalten, als dass sie anfangen, mit ihrem Widerstand gegen religiöse Dinge zu kokettieren.

Andererseits sollten wir ein Kind, das sich einen respektlosen Spruch gegen Gott oder Jesus gestattet, auch nicht zurechtweisen. Kein Kind widersteht einer Sache, die seinen Eltern wichtig und heilig ist, ohne Grund. Entweder hat es echte Bedenken, dann muss es sie anmelden dürfen. Oder es muss wieder einmal beweisen, dass es einen eigenen Willen hat, dann ist der religiöse Gegenstand nur ein zufälliger Anlass wie viele andere. Beides ist nicht böse, sondern für ein Kind völlig richtig. Denn hinter »naseweisen Bemerkungen« verbirgt sich häufig irgendein schweres Problem, mit dem das Kind nicht fertig wird. Kinder leiden an denselben Rätseln wie wir Erwachsenen. Sie können schon sehr früh am Leben leiden. Sie sind auch darin unsere Partner, und wir sollten mit ihnen so ernsthaft reden und sie so aufmerksam anhören, als wären sie so alt wie wir.

Immer wieder hört man Erwachsene sagen, ihre Kindheit sei glücklich und ungetrübt und ein Paradies gewesen. Aber bei den meisten, die so sprechen, stimmt es bei näherem Nachfragen gar nicht. Sie machen sich etwas vor. Die wenigsten Kinder sind »glücklich«, ausgewogen heißt das, einverstanden mit sich selbst, überzeugt, dass man sie liebt, sicher und im Lot. Fast alle haben ihre Probleme, und die sind für sie so groß wie für die Erwachsenen die ihren. Schon darum hat es keinen Sinn, Kindern einen harmlosen und freundlichen »Kinderglauben« beizubringen, aus dem alles ausgeklammert ist, was den Erwachsenen Sorgen macht.

Das Kind umgekehrt macht sich ähnlich falsche Vorstellungen von den Erwachsenen. Es meint nämlich, Probleme und Sorgen habe man eben, solange man ein Kind sei, die großen Leute hingegen wüssten alles, könnten alles, hätten alles und müssten deshalb eigentlich glücklich sein. Beide müssen entdecken, dass Kinder und Eltern ein ähnliches Maß von Sorgen, Angst und Ratlosigkeit zu bestehen haben. Es kann eine Befreiung für ein Kind sein, wenn es auf seine Frage: »Ist das eigentlich recht von Gott, dass er so viele kranke und verkrüppelte Kinder macht?« von der Mutter die ehrliche Antwort bekommt: »Das weiß ich auch nicht.« Das Problem bleibt offen und wird nicht künstlich zugedeckt mit einem frommen Spruch.

Dabei ist es gut, sich mit seinen erwachsenen Antworten nicht zufriedenzugeben, sondern zu prüfen, woher eigentlich die eigene Ratlosigkeit rührt. So könnte es hilfreich sein, sich zu fragen, ob eigentlich das Bild, das man von Gott hat, stimmt. Es könnte ja sein, dass Gott für uns selbst das Gesicht eines himmlischen Opas trägt, von dem wir nichts erwarten. Wie sollten wir unserem Kind versichern können, dass von Gott etwas zu erwarten sei? Oder Gott könnte insgeheim für uns selbst das Gesicht eines kleinlichen Moral- und Sittenwächters tragen, gegen den man sich am besten immer ein wenig absichert? Wenn wir uns also selbst nicht dankbar am Leben freuen können, das wir von ihm haben, wie sollten wir unserem Kind raten können, sich ihm anzuvertrauen?

Und wir Eltern sollten vor allem deshalb prüfen, wer Gott für uns selbst ist, weil die Kinder von uns viel mehr als nur das übernehmen, was wir aussprechen. Wie wir selbst in unserem Leben stehen, womit wir nicht fertig werden, wovor wir uns ängstigen, was wir verbergen, das alles ist ja vorhanden und kommt im Leben einer Familie laut oder leise immer wieder zum Vorschein. Uns wurde von einem Sechsjährigen erzählt, der, seit er denken kann, von seiner Mutter mit dem christlichen Glauben vertraut gemacht wurde, mit Gebeten, Liedern und Geschichten, und der, als die Mutter einmal sagte: »Das müssen wir glauben«, völlig überrascht fragte: »Wieso? Glaubst du denn an Gott?« In dieser Frage spiegelt sich nicht so sehr, was die Mutter gesagt hatte, als wie sie lebte.

In einem Buch »Kinderbriefe an den lieben Gott« steht: »Lieber Gott, wenn du so viel kannst, wie kommt es dann, dass du nicht mal den Fluss groß genug gemacht hast für das viele Wasser, das unser Haus überschwemmt hat? Jetzt müssen wir uns ein neues Haus suchen. Viktor.«

Gott ist also auch für das Kind niemals der harmlose »liebe Gott«. »Gott ist Liebe«, das ist etwas anderes. Und das gilt auch, wenn eines Tages vom »lieben Gott« nichts mehr übrig bleibt, wenn Gott dunkel und rätselvoll wird. Dass Gott die Liebe sei, wird für einen Erwachsenen immer ein Glaube auch gegen den Augenschein und gegen alle Erfahrung sein. Wenn ein Mensch leidet, hat das mit Gott zu tun, aber mit einem heiligen Gott, dessen Gedanken wir nicht kennen, dessen Wege wir nicht verstehen.

Wenn wir aber der Liebe Gottes dennoch vertrauen, dann deshalb, weil wir uns an Jesus halten und an das, was er über Gott sagt und von Gott zeigt. Wenn Jesus in seinem schrecklichen Sterben sagt: »In deine Hände befehle ich meinen Geist«, dann haben auch wir einen solchen Weg: Wir vertrauen ihm die Menschen an, die in Not und Elend sind, krank oder verlassen. Wir tun, was wir können, ihre Leiden zu lindern, aber wir vertrauen sie am Ende immer der Liebe Gottes an. Wir üben das auch schon mit unseren Kindern ein, denn das können sie durchaus verstehen. Und es ist für sie wichtig, zu erleben, dass auch die Erwachsenen nicht für alles eine Lösung haben und dass sie trotz aller Rätsel und Schwierigkeiten ihr Vertrauen bewahren.

Mit der Angst soll man sorgsam umgehen

Es wäre sicher falsch, wollte jemand seine Kinder dazu erziehen, dass sie »keine Angst« mehr haben. Denn Angst ist keine Schwäche, sondern eine Art von Sinnesorgan, das uns darauf hinweist, hier sei etwas Gefährliches, etwas Fremdes, etwas Bedrohliches, und uns mahnt, uns in Acht zu nehmen. Die Angst sichert uns. Ein Kind, das keine Angst kennt, das also keine Gefahr wittert, wird wahrscheinlich irgendwann auf die eine oder die andere Art verunglücken. Angst vor der Dunkelheit oder vor fremden Menschen ist für ein Kind notwendig, wenn es Vorsicht lernen und vor der Gefahr nicht die Augen verschließen soll.

Natürlich gibt es falsche und richtige Angst. Man bringt dem Kind Ehrgeiz bei und wundert sich, dass es Angst hat vor dem Versagen. Dabei ist Ehrgeiz fast immer schädlich, und fast alles, was aus Ehrgeiz kommt, falsch. Er macht das Kind vielleicht erfolgreich, aber auf alle Fälle auch unfrei und abhängig von der Meinung anderer Leute. Er nimmt ihm die Kraft, in Misserfolgen den Mut zu bewahren.

Die kleine Lara steht mit ihrer Mama auf dem Rummelplatz und möchte Geisterbahn fahren. Zugleich aber hat sie schreckliche Angst vor den Ungeheuern, von denen andere Kinder erzählt haben. Soll die Mama ihr Mut zusprechen? Sie tut es nicht. Sie hat offenbar auch Angst. Als Lara das merkt, richtet sie sich auf und sagt: »Mama, wir brauchen keine Angst zu haben, das sind alles Pappdeckelmänner, die sind bloß angemalt.« Mutig nimmt sie ihre Mama an der Hand und besteigt mit ihr das Gespensterauto. Und nach dem Ende der Schrecken: »Siehst du! Wenn ich dich festhalte und du mich, dann ist alles nicht so schlimm.« Dieser Mut wäre wohl nicht herausgekommen, wenn ein starker Vater die kleine Lara einfach zur Mutprobe auf die Geisterbahn mitgenommen hätte.

Ein Kind wird in dem Maß unabhängig, in dem es gelernt hat, selbstständig mit seiner Angst zurechtzukommen. Wenn kleine Kinder manchmal von einer pedantischen Ordnungsliebe sind, hat das nichts mit Bravheit zu tun, sondern ist ein Ausdruck dafür, dass sie Angst haben, wenn ihre kleine Welt unübersichtlich ist und sie sich nicht mehr recht auskennen. Wenn sie selbstständig werden wollen, müssen sie riskieren, die selbstgeschaffene Ordnung unter den Spielsachen umzuwerfen und eine neue zu erfinden, und wir sollten dann nicht die frühere aufrecht erhalten wollen.

Mit den Beziehungen zu den Eltern und Geschwistern ist es ebenso. Das Kind hängt an der Mutter. Aber irgendwann wendet es sich dem Vater zu, ein anderes Mal dem Brüderchen oder der älteren Schwester, dann wieder der Mutter. Immer wieder löst es sich aus einer festen Bindung, die ihm eine Weile Sicherheit geboten hat, und wird selbstständiger. Wenn ihm das öfter gelingt, lernt es allmählich, mit seiner Angst vor unsicheren Verhältnissen umzugehen.

Aber dass Kinder vor Gestalten im dunklen Flur erschrecken, dass sie sich in der Nacht ängstigen, dass sie bei Gewittern zur Mutter flüchten und den Kopf in ihren Schoß pressen, dass sie sich vor allem fürchten, was größer und stärker ist als sie oder dunkel und unverständlich, das ist richtig. Das soll man ihnen auf keine Weise abgewöhnen wollen (» Du Angsthase! Schäm dich!«). Denn die Angst ist eine Antenne für die Gefahr und hilft, darüber nachzudenken, wie man dem Gefährlichen begegnet und es überwindet, und wir Eltern sollen sie unserem Kind nicht austreiben, sondern ihm in seiner Angst beistehen.

*Wichtig ist, dass Kinder lernen, pünktlich mit dem Spielen
Schluss zu machen und ins Bett zu gehen.*

Wer keine Angst kennt, kann vielleicht ein Held sein;
aber es ist sehr fraglich, ob er fähig ist, einen Menschen zu
lieben und zu trösten. Leute, die keine Angst kennen, sind
häufig an irgendeiner Stelle ihres Wesens stumpf oder primitiv. Es gibt Grund genug, sie zu fürchten, denn wahrscheinlich ist zum wirklich Unmenschlichen am ehesten
der fähig, der keine Angst kennt und sich darauf noch etwas einbildet. Wenn ein Kind keine Angst hat, kann das
ein Beweis für ein starkes und großes Vertrauen sein, aber
auch ein Zeichen dafür, dass es zu wenig Phantasie hat,
um sich Gefahren vorzustellen, oder dass es zu wenig aufmerksam lebt, um sie wahrzunehmen. Vielleicht kann
man sogar sagen: Je begabter und feinfühliger ein Kind
ist, um so mehr Mühe hat es mit seiner Angst. Es merkt
eben mehr. Vor allem den Vätern möchten wir das sagen,
die allzu leicht den Wert ihres kleinen Sohnes daran ablesen, ob er mutig ist oder nicht. Mutproben mit Kindern

sind Unsinn. Sie helfen die Angst nicht überwinden, sondern steigern sie ins Unermessliche, selbst wenn das Kind in seiner Verzweiflung dabei »mutig« wird und alles tut, was man von ihm verlangt.

Das Ziel einer religiösen Erziehung könnten wir, was die Angst angeht, etwa so beschreiben: Wichtig ist, dass unser Kind ein Mensch wird, der fähig ist, zu lieben und sich für andere hinzugeben. Wichtig ist, dass es frei wird und selbstständig, dass es nicht nachmacht, was andere ihm vormachen, sondern ein Gewissen entwickelt und ein Maß findet, mit dem sein Gewissen misst. Wichtig ist, dass es kein Sklave seiner Angst wird, sondern Vertrauen fasst und seines Weges gewiss wird. Oder dass es nachdenkt und staunen kann, wo andere gedankenlos über ihre Erfahrungen hinwegleben. Wichtig ist, dass es Leid und Schmerzen, um die kein Mensch in diesem Leben herumkommt, besteht und sich vor der Wirklichkeit nicht flüchten muss. Dass es glücklich wird, das heißt im Einklang mit sich selbst lebt, mit den anderen Menschen und mit dem, der es in dieses Leben hineingestellt hat: mit Gott.

Was sagen wir Kindern über den christlichen Glauben?

Was das Zentrale ist: Jesus, der Repräsentant Gottes

Wenn wir »christlich« erziehen möchten oder »zum christlichen Glauben hin«, so ist es zunächst einmal gut zu wissen, was das nicht ist und danach, was das ist. Dass einer an Gott glaubt, das ist nichts besonders Christliches, das hat man in vielen Religionen von jeher getan. Dass man in einen Gottesdienst geht, ist es auch nicht. Auch das ist vielen Religionen gemeinsam. Die Zehn Gebote sind es auch nicht. Solche Regeln gibt es in vielen Variationen. Und endlich, dass man lieben soll, ist es auch nicht. Auch das denken andere ähnlich, wie auch, dass die Toten auferstehen.

Was ist denn das Einzigartige am christlichen Glauben? Das Besondere? Es ist nichts als die einfache Gestalt des Jesus von Nazaret. Es ist das, was dieser einsame Mann vor zweitausend Jahren getan und gesagt hat. An ihm sehen wir, was Glaube ist. An ihm lesen wir ab, was zu tun ist. Wie wir leben können. Was wir hoffen dürfen. Wie wir als Christen zusammengehören. Wer für ihn Gott war und was er uns im Namen Gottes gesagt hat.

Was er als seinen Lebensauftrag beschrieben hat, das zeigte Jesus bei seiner ersten Predigt mit einem Zitat aus dem Alten Testament:

Der Geist Gottes treibt mich.
Er gibt mir den Auftrag, Freude zu bringen
    den Leidenden.
Er sendet mich, wunde Herzen zu verbinden,
Gefangenen die Freiheit anzukündigen
und den Gefesselten die Erlösung.
Die Trauernden soll ich trösten,

die in Trauerkleidern gehen, in Festgewänder hüllen.
Den Schwermütigen, die stumm sind in ihrem Leid,
soll ich ein Lied singen. Lobgesang und Dank.
Denn Gott hat mich festlich gekleidet.
Er sagt: Alles ist gut zwischen dir und mir.
Wie einen Bräutigam schmückt er mich
  mit einer Krone,
wie eine Braut mit dem Brautschmuck.
Wie die Erde Getreide hervorbringt
und ein Garten Früchte, so wächst nun sein Heil.
Jesaja 61, 1–3.10–11

Damit sagt er den ausgebeuteten und hoffnungslosen
Menschen seiner Heimat etwa dies: Euch ist Freude zuge-
dacht. Leben. Zuversicht. Glück. Ich will, was an euch zerstört oder krank oder gelähmt ist, heilen. Ich will, dass ihr
freie Menschen seid, unabhängige, selbstverantwortliche.
Ich will, dass ihr von eurer Hände Arbeit leben könnt. Ich
will, dass ihr in eurer Traurigkeit nicht versinkt. Ich will,
dass ihr den Mut findet, Feste zu feiern. Ich will euch dazu
die Lieder lehren, die ihr singen könnt. Ich will, dass ihr
versteht: Gott bürdet euch keine zusätzlichen Lasten auf,
wenn ihr zu glauben beginnt, auch keine religiösen. Ich
sage euch in seinem Namen: Es ist alles gut zwischen ihm
und euch. Ihr tragt eine Würde in euch, eine Menschen-
würde, eine Gotteswürde wie eine Krone. Und es soll bei
eurem Leben etwas herauskommen. Es soll nicht nur
vorübergehen. Es soll nicht nur abgewickelt werden, be-
standen und geschafft. Es soll etwas in ihm wachsen, Lebenskraft für euch und für andere um euch her.

Das ist es, was er uns sagt, für heute und für immer. Das
ist es, was wir das Evangelium nennen. Wir können es
auch mit anderen Worten sagen:

- Das Evangelium ist zuerst Entlastung: Legt alles ab, was euch niederwirft, und richtet euch auf.
- Es ist Heilung. Es hilft euch, in euch selbst ganz zu werden, vollständig und schön.
- Es ist befreiend: Niemand soll euch Vorschriften machen. Niemand soll euch gängeln, auch keine religiösen Instanzen. Ihr seid freie Menschen.
- Das Evangelium ist Ermutigung: Packt euer Leben an. Eure Kräfte werden ausreichen. Was euch entgegensteht, wird euch nicht hindern können.
- Das Evangelium ist Weitung: Ich will euch zeigen, was über euren schmalen Rahmen hinausreicht, hinauswirkt.
- Das Evangelium ist Freiheit auch zu Fehlern: Ihr dürft Fehler machen, auch mit euren Kindern, auch mit euren Frauen und euren Männern. Ich will euch aber die Kraft geben, nach Fehlern wieder neu in eure Aufgaben einzutreten.
- Das Evangelium ist Freiheit auch vom Urteil anderer Menschen. Niemand soll euch bewerten. Niemand euch verdammen. Auch Gott wird das nicht tun. Er liebt euch und gibt euch eure eigene Würde.
- Das Evangelium ist der gradlinige Weg durch den Tod hindurch ins Leben.

Wenn Ihnen klar ist, dass dies das Zentrale am christlichen Glauben ist, das durch nichts anderes Ersetzbare, und wenn Ihnen das ganz feststeht, dann können Sie anfangen zu prüfen, was Ihnen sonst noch als christlicher Glaube angeboten wird. Dann können Sie über das, was Sie nicht verstehen, frei nachdenken. Sprechen Sie auf Ihre Weise mit Gott darüber. Lassen Sie sich von ihm führen. Und bauen Sie darauf, dass Gott Sie segnen wird in allem, was Sie davon behalten, aber auch in dem, was Sie noch nicht übernehmen können.

Nun werden Sie vielleicht fragen, wie es Unzählige tun: Warum aber, wenn dies doch das Evangelium ist, zeigt man uns dann immer und immer wieder den sterbenden Jesus, der unter Qualen an einem Balken hängt und stirbt? Was hat das für einen Sinn? Ich will versuchen, es in der Kürze zu erklären. Und wenn Ihr Kind Sie danach fragt, können Sie es ihm auch so oder ähnlich sagen.

Stellen Sie sich folgende Szene vor: Jesus steht irgendwo in einem Dorf. Er redet, und am Ende entlässt er die Menschen, die um ihn herum stehen. Da tritt einer vor und sagt: Darf ich dich zum Essen einladen? Ja gewiss, das darf er. Jesus geht mit ihm. Als er das Haus betritt, drängen die Menschen nach, Reiche und Arme, Gebildete und Analphabeten, Angesehene und Andere, Korrekte und allerlei krumme Figuren. Und er lässt sich drinnen nieder und sagt: Auf Leute! Nun lasst uns ein Fest feiern!

Aber damit ist etwas geschehen, das nicht geschehen darf, jedenfalls nicht nach den strengen Sitten von damals: Jesus sitzt da, umgeben unter anderen auch von Betrügern, von Kollaborateuren der Römer, Hausfrauen und dorfbekannten Huren. Wer mit einem anderen zusammen isst, das war klar, der identifiziert sich mit ihm. Er wählt ihn zu seinem Bruder. Wenn also ein Gerechter sich mit einem Ungerechten zu Tisch setzt, so macht er sich selbst zu einem Ungerechten. Das war damals so, und Jesus wusste das natürlich. Aber es war genau das, was er sagen wollte: Ich mache keinen Unterschied zwischen den Menschen hinsichtlich ihrer Moral. Im Gegenteil, wer moralisch nicht zurechtkommt, braucht mich dringender als der Korrekte. Aber damit tat er etwas, was moralische Autoritäten wie ein Staat oder eine Kirche von einem mit religiösem Anspruch auftretenden Menschen am wenigsten brauchen können. Religion hat für Moral zu sorgen, für Anstand, für Treue zum Staat, für das öffentliche Ansehen der Kirche oder des Priestertums. Wozu brauche ich noch

Priester, wenn ein Mensch das Recht und die Freiheit hat, allein zu Gott zu finden? Was Jesus getan hat, war, dass er die sittlichen Autoritäten und die sittliche Erziehung des Volkes anscheinend entbehrlich machte. Und die Autoritäten schlugen zurück. Jesus wusste das. Und er hat immer wieder vorausgesagt, wie es ihm ergehen werde. Und er wusste auch, dass er zwei Möglichkeiten hatte: Er konnte sein Leben retten, indem er seinen Einsatz für die Ärmsten beendete oder indem er ins Ausland ging, oder aber er konnte sein Ende erwarten. Und er sagte, wenn wir, was er getan und gesagt hat, in unsere eigenen Worte fassen, etwa folgendes: Liebe Freunde in Galiläa. Ich habe euch gesagt und gezeigt, dass alles gut ist zwischen Gott und euch. Wir haben miteinander das kommende heilige Volk der Korrekten und der Sünder in seiner ganzen Mischung gefeiert. Das gilt. Dafür will ich stehen. Und wenn es mich das Leben kostet, dann will ich die Kosten tragen.

Dass man ihn umgebracht hat, lag im Interesse der Aufrechterhaltung einer Staatsordnung und einer religiösen Ordnung, für die es Gut und Böse, Erlaubt und Nicht-Erlaubt, Gesetzestreue und Gesetzesbruch gab. Und er hat eben mit seinem Tod auf gültige Weise bestätigt, es sei wahr, was zwischen den Gästen und Gott gegolten hatte. Insofern starb er wirklich »stellvertretend«. Er starb für die Menschen. Und er hat uns gezeigt, was wir selbst tun sollten und wozu wir auf unsere Art bereit sein sollten.

Ist das zu einfach gesagt? Was Jesus getan hat, war den Priestern und den Gesetzeslehrern auch zu einfach. Das Gleichnis vom verlorenen Sohn, das wichtigste von allen seinen Gleichnissen, zeigt, was er meint: Der weggelaufene junge Mann muss nur kommen. Der Vater nimmt ihn sofort in Liebe auf und feiert für seine Heimkehr ein Fest. Es ist dasselbe Fest, das Jesus mit den Heruntergekommenen und den Fragwürdigen an seinem Tisch gefeiert hat.

Wenn ich sage: So einfach ist das, dann nenne ich den Kern des Evangeliums, und ich werde es mir von niemandem künstlich kompliziert machen lassen. Und wenn ich mir vorstelle, was nach meinem Abschied von der Welt, der sehr bald geschehen kann, auf mich zukommt, dann nehme ich mir auch dieses Gleichnis vor und sage: Ich werde heimkommen. Niemand wird mich verurteilen. Ich werde heimkehren in die Liebe Gottes.

Halten Sie das fest. Denn das ist es auch, was Sie Ihrem Kind sagen und zeigen sollen, wenn es Ihnen darum geht, es auf die Weise des christlichen Glaubens zu erziehen.

Bei meinem Unterricht in Schulklassen fiel mir immer wieder auf, und zwar bei den Kleinsten am deutlichsten, dass gerade die Kinder aus den miserabelsten Verhältnissen, die Kinder, denen das »Urvertrauen« am gründlichsten fehlte, am aufmerksamsten zuhörten und am liebsten kamen. Und wer unter »Asozialen« seine Zuhörer und Gesprächspartner hat, kann bezeugen, dass es durchaus auch einen anderen Weg als den geradlinigen vom Urvertrauen zum Glauben gibt, nämlich den vom Elend der Seele geradlinig zum Vertrauen und zum Glauben. Liebe und Nähe im Namen Jesu ist dieser Weg. Denn so hören wir ihn sagen: Ich liebe dich, du Mensch. Du bist mir wert. Ich nehme dich auf. Und was gäbe es für uns, die ihn vor sich sehen, Wichtigeres, als selbst eine Stimme zu werden, die so spricht: Ich liebe dich. Du bist mir wert. Ich halte dich fest. Ich bleibe bei dir. Ich lasse dich nicht fallen. Und darin, dass wir so sagen und so denken und es zeigen, besteht letzten Endes eine christliche Erziehung.

Der Osterhase und das Christkind –
was ist wahr?

Kinder stellen sich alles, was man nicht sieht, in Bildern vor. Gott sitzt für sie auf einer Wolke oder in einem goldenen Thronsaal. Er ist ein Mann mit Bart. Er fährt auf einem Motorrad, darum kann er überall sein. Die Engel sind der Hofstaat, vielleicht sind auch die außerirdischen Männchen um ihn her. Uns Erwachsenen geht es auch nicht anders. Auch wir haben keine Mittel, von Dingen, die man nicht sehen oder anfassen kann, anders zu reden als in Bildern, das heißt in einer Art von gehobener Märchensprache. Wir sprechen vom Aufstieg einer Firma. Haben Sie schon mal eine Firma aufsteigen sehen wie einen Luftballon oder einen Hubschrauber? Mit »Aufsteigen« meinen wir, sie habe sich vergrößert. Dabei muss die Firma sich überhaupt nicht vergrößert haben. »Aufsteigen« oder »vergrößern« sind Bilder, mit denen wir etwas ausdrücken. Erstrecht gilt das von allen religiösen Vorstellungen.

Kein Mensch ist so klug, dass er sich Gott oder das Leben nach dem Tode vorstellen könnte, ohne ein Bild zu Hilfe zu nehmen. So hat Gott uns geschaffen. Wir müssen nur klar sehen und wissen: Unsere Bilder sind nicht die Sache selbst. Sie sind ein Hinweis auf sie. Ein Hilfsmittel. Jedes Kind kennt Bilder von Engeln: schwebende Gestalten in langem Gewand und mit Flügeln. Man kann aber schon einem Kind klarmachen, dass ein Engel unsichtbar ist und deshalb natürlich nicht so aussieht wie auf dem Bild. Unser Ältester kam, vierjährig, bei einem Spaziergang an das Ufer eines Waldsees – die Sonne stand schon tief und spiegelte sich in der Wasserfläche, es war später Nachmittag – er schaute in das Gefunkel und Geglitzer.

Nach einer Weile, ganz hingerissen und außer Atem: »Das ist wie Engel!«

Die Bibel erzählt von Gott so, als wäre Gott ein Mensch. Er zürnt. Er schafft. Er redet. Er hört. Er tröstet. Es reut ihn, dass er etwas gemacht hat. Dazu hat er Arme und Hände, Augen und einen Mund. Das alles kann man kindlich finden. Man kann sich aber auch klarmachen, dass wir keine andere Möglichkeit haben, über Gott etwas zu sagen und unser Leben mit ihm und auf ihn hin zu führen. Was ein Kind naiv vor sich sieht, wird für den Erwachsenen zum Ausgangspunkt für ein tieferes Nachdenken.

Freilich, der Erwachsene wird unterscheiden. Für das Kind ist kein Unterschied zwischen den Welten, in denen der Osterhase, das tapfere Schneiderlein, das Christkind und Gott, der Vater, leben. Aber es wird an einen Punkt kommen, an dem ihm der Osterhase lächerlich wird, das tapfere Schneiderlein langweilig und das Christkind kindisch, und an dem sich entscheidet, ob es mit all den kindlichen Geschichten auch Gott zu den Fabeltieren rechnen wird. Vielleicht kann man drei Arten von Wahrheit unterscheiden:

– Die Wahrheit des Spiels: Der Osterhase ist ein Spiel. Jeder darf wissen, dass es ihn nicht gibt, und trotzdem bringt er uns seine Eier zu Ostern. Ein Sechsjähriger, der den Osterhasen entlarvt, kann leicht dazu gebracht werden, das Spiel weiterzuspielen und es dem vierjährigen Schwesterchen nicht zu verderben. Das Spiel ist ja nicht Betrug, sondern eben Spiel.

– Die Wahrheit des Märchens oder der Legende: Das tapfere Schneiderlein ist eine Märchenfigur wie auch das Rotkäppchen und der Wolf. Für kleine Kinder sind sie so wirklich wie das Haus und der Bauklotz. Für ältere Kinder verlieren sie ihren Sinn. Erst der Erwachsene kann dahin kommen, den tiefen Sinn dieser Märchenfiguren zu erkennen, die ja Wahrheiten über das Menschenleben aussagen, die man der Kindergeschichte zunächst nicht ansieht.

– Und schließlich die Wahrheit des Glaubens: Da stehen in den Kirchen die großen Bilder, die zeigen, wie Christus auf einem Regenbogen sitzt, als der Herrscher über die sichtbare und die unsichtbare Welt. Natürlich stellt sich niemand ernsthaft vor, Christus sitze auf einem Regenbogen. Und dennoch liegt in diesem Bild eine Wahrheit, die anders als in einem Bild nicht erklärt, gezeigt und gedeutet werden kann. Das Kind versteht es. Der Erwachsene begegnet im Bild der Wahrheit Gottes und der Wahrhcit über sich selbst. Das Kind aber ganz allmählich dahin zu führen, dass es unterscheiden lernt zwischen Spiel, Märchenwelt und Glaubenswahrheit, das ist eine Aufgabe für die Eltern durch eine lange Reihe von Jahren.

Von großer Bedeutung aber ist, was wir mit den Bilderbüchern des christlichen Glaubens anfangen. Wir meinen die Feste. Advent. Weihnachten. Drei Könige. Passion. Ostern. Himmelfahrt. Pfingsten. Wie wir hinauskommen über den bloßen Flitter, über die bloßen Postkartensprüche und das Ausschütten von teuren Geschenken. Vieles von der Bedeutung dieser Feste ist einfach vergessen worden in unserer heutigen Welt, anderes ist zum Geschenkrummel verkommen, zum Volksfest oder zum Familienzauber. Wir brauchen dagegen nicht zu Felde zu ziehen, aber wir können es für uns selbst in aller Stille entrümpeln.

Wir finden es sehr weise von der Kirche, dass sie das, was das Evangelium uns sagen will, nicht auf einmal darbietet, sondern wie ein Leporello über das Jahr hin auseinanderzieht. Dass sie nicht dasteht und alles auf einmal sagt, sondern einen Weg geht, der es erlaubt, bei einer einzigen Geschichte oder einem einzelnen Glaubensthema eine Weile stehen zu bleiben. So entstand das Kirchenjahr, das von Advent über Weihnachten, über »Drei Könige«, über die Passion und Ostern zu Himmelfahrt und Pfingsten und bis zum Fest der Dreieinigkeit Gottes führt. Für die Feier dieses Kirchenjahres und seine einzelnen Feste hat sich dabei im Lauf der Jahrhunderte ein solcher Reichtum an Sitten und Volksbräuchen, an Bildwerken, an Musik, an Liedern und Dichtungen angesammelt, dass wir töricht wären, es in unserem Leben mit unseren Kindern nicht auszuschöpfen. Wie das geschehen kann zu zeigen, würde ein eigenes Buch füllen. Aber andeuten wollen wir:

– Der Advent hat es mit dem Warten, dem Abwarten, dem Erwarten zu tun. Mit dem Gespanntsein auf etwas Schönes. Warten ist für Kinder noch schwerer als für Erwachsene. Im Grunde muss für ein Kind alles jetzt sein, sofort und heute und in dieser Stunde. Dass es Sinn hat, zu warten, bis man ein Päckchen von der Adventsschnur aufmachen darf, kann man im Advent durchspielen, indem man Adventsgeschichten erzählt. Wenn die Mutter ein Kind erwartet, kann sie es auch nicht sofort haben, sondern muss für lange Monate Geduld aufbringen. Wenn im Frühling die Kirschbäume blühen, kann man nicht sofort Kirschen essen. Das versteht jedes Kind. Und so warten wir über vier Wochen hin auf das, was an Weihnachten gefeiert wird. Und auch das Spiel mit dem Nikolaus gehört dazu und schon früher auch die Laternenumzüge am Martinstag. Wir können Bilder malen, Lieder lernen, Geschichten hören und dabei immer gespannter warten auf den Tag, an dem das Jesuskind zur Welt kam.

– Weihnachten ist der Geburtstag des Jesuskindes. Es ist das Fest, an dem wir feiern, dass uns Gott nahe kommt in diesem Menschen. Dass er mit uns redet. Dass er uns seine Liebe spüren lässt. Wir können zeigen, dass unsere Zeitrechnung an diesem Tag beginnt. Wir können erklären, was damit gemeint ist, wenn wir sagen: Jesus ist Gottes »Sohn«. Das heißt nämlich nicht, dass er von Gott abstammt, sondern dass er ihn zeigt, dass er für ihn steht. Dass er ihn offenkundig macht. Dass wir, wenn wir wissen wollen, wer Gott ist, Jesus fragen können. Zugleich werden wir erzählen, wie das Kind Jesus mit seinen Eltern auf der Flucht war und werden unserem Kind von irgendeinem heutigen Flüchtlingsschicksal eines Kindes, das in einer Pappschachtel liegt, erzählen, so dass es über die Familienidylle hinaus sehen lernt dorthin, wo heute Ähnliches geschieht.

– Am Erscheinungsfest oder Dreikönigsfest können wir ein kleines Spiel aufführen, wie die drei Könige nach Bethlehem wandern, wir können aber auch den realen Hintergrund zeigen. Denn der Stern ist nicht erfunden. Es hat sich damals tatsächlich eine Verbindung von zwei Planeten zu einem einzigen hellen Stern ergeben, die man nachrechnen kann. Die Geschichte will uns sagen, dass wir Menschen unseren Weg gehen nicht ins Leere und nicht vor die Wand, sondern bis zu einem schönen und sinnvollen Ziel. Dass unser ganzes Leben eine Wanderung ist, die wir gemeinsam erleben.

– An den Passionstagen können wir nicht nur erzählen, was Jesus geschehen ist, sondern auch, was ungezählten Menschen rund um die Welt heute geschieht. Leid, Entbehrung, Hunger, Ungerechtigkeit. Und was wir tun können, damit das Leben für sie alle besser und schöner wird. Es ist eine Zeit, in der man früher gefastet hat, und wir können wenigstens auf das eine oder andere verzichten lernen. Das ist ein Grundthema in einer Welt, in der heute jeder und jede alles und alles sofort haben muss. Und es ist eine Zeit der Einübung im Aus-

Kinder sollten mit viel Liebe und wenig Zwang an künstlerische Betätigung herangeführt werden.

gleichen zwischen unserem gesicherten Leben und dem gefährdeten Leben anderer.

– Ostern ist nicht nur das Fest, an dem wir uns die Erfahrungen vergegenwärtigen, die die ersten Christen mit Jesus nach seinem Tod gemacht haben. Sondern vor allem auch der Tag, an dem wir sehen können, was mit uns selbst nach unserem Tod geschehen wird. Nämlich, dass unser Weg weitergeht. Dass wir eines Tages vor einer dunklen Wand stehen werden und tot sind. Dass aber dann eine Tür aufgeht, dass wir in eine andere Welt hinübergeholt werden, in der viel Licht ist und in der unser Leben weitergeht. Auf eine ganz andere Weise als hier. Denn unsere Welt ist viel größer als wir sie sehen. Sie hat viel mehr Hintergründe und Tiefen, als wir uns vorstellen können. Und Jesus ist es, der sie uns zeigt.

– An Himmelfahrt feiern wir die Heimkehr. Jesus geht

hinüber zu Gott und ist von da an bei ihm. Und so werden auch wir heimkehren.
– Und Pfingsten ist das Fest, an dem wir feiern, dass wir alle, die miteinander diesen Weg auf Gott zugehen, zusammen gehören. Wir feiern die Kirche. Wir feiern, dass wir uns begeistern dürfen, dass wir selbst von Gottes Geist erfüllt sein werden, dass uns eines Tages alles klar sein wird, was mit Jesus und Gott und den Menschen und ihrem Schicksal zusammenhängt. Dass es einen realen Boden gibt, auf dem unser Glaube sich bilden kann.

Und das alles, diese lange Folge von Festen, gibt uns einerseits die Chance, viel zu erzählen und viel einzuüben, andererseits vieles für das Kind zu klären, an dem es ohnedies herumdenkt. Das christliche Fest ist eines der stärksten Mittel, die es gibt, unseren Kindern weiterzuhelfen in ihrem Nachdenken und auf ihrem praktischen Weg.

Ein kleiner Bericht mag diese Überlegungen ergänzen. Er erzählt von Engeln. Regina Groot-Bramel notierte nach einem morgendlichen Gespräch, wie es dabei zuging. Eines schönen Adventsmorgens liest sie den Brief, den der Bischof ihres Landes an die Kinder geschrieben hat:
Das geht bei uns nie ohne Unterbrechungen und längere Zwischengespräche. So komme ich unangefochten bis zu der Stelle, wo aufgezählt wird, wo in der Weihnachtsgeschichte Engel eine Rolle spielen: Maria erfuhr von einem Engel, dass sie ein Kind haben würde; Josef erhielt von einem Engel die Bestätigung, dass das Kind der Sohn Gottes sei und er für Mutter und Kind sorgen solle; als es endlich soweit war, verkündete ein Engel den Hirten … Hier stellt Hannah neiderfüllt fest: »Bei denen hat es ja von Engeln nur so gewimmelt!« Denn schon seit geraumer Zeit hegt sie den Wunsch, auch einmal wie Noah

oder Mose direkt mit Gott – oder doch wenigstens mit einer Abordnung der himmlischen Heerscharen – zu kommunizieren. Nach und nach verfestigt sich bei ihr der Verdacht, das sei jedoch nicht so bald zu hoffen. Deshalb findet sie es geradezu ungerecht, dass bei den Ereignissen um Jesu Geburt herum so verschwenderisch mit den Engeln umgesprungen wurde!

Als ich weiterlese:»…und rings um den Engel war noch eine ganze Schar, die lobten Gott und sangen«, da hat Judith schon den nächsten Einwand:»Wie hat man denn verstehen können, was der Engel zu sagen hat, wenn alle anderen gesungen haben?« Aha, sie ist großfamiliengeprägt! Und auch meine Antwort fällt dementsprechend aus:»Selbstverständlich haben sie gewartet, bis er die frohe Nachricht ausgerichtet hat, und dann alle zusammen gesungen!«

Nun kommen wir weiter bis zur nächsten Stelle des Bischofsbriefes, in der erklärt ist, dass man Engel gewöhnlich mit Flügeln malt, um auszudrücken, dass sie uns in Gottes Auftrag»unter die Fittiche« nehmen wollen, so wie eine Henne ihre Küken birgt. Das ist ein ansprechendes, schönes, kindgerechtes Bild. Auf Simon jedoch wirkt es ernüchternd. Er, der sich zu Weihnachten einen Propeller auf dem Rücken wünscht, damit er fliegen könne wie der Karlsson vom Dach, er soll nun so ohne weiteres billigen, dass Engel womöglich gar keine Flügel haben? Seiner Meinung nach sind die Flügel genau das, was das Dasein als Engel so attraktiv macht! (Von Gesang hält er nicht allzu viel, und mit der Anbetung ist es auch noch nicht allzu weit her.)

Immer macht er mir solche Striche durch die gut ausgedachte, religionspädagogische Rechnung! So war für ihn auch in der diesjährigen Osterzeit das Spektakulärste an Jesu Auferstehung die Tatsache, dass er mit dem verklärten Leib durch verschlossene Türen gehen konnte. Alle

119

meine Versuche, ihm andere Aspekte des Geschehens ins Bewusstsein zu rücken, konnten ihn nicht von dieser Sache ablenken. Und wenn er beschreiben sollte, wie er sich ein Leben nach dem Tode vorstellt, so bin ich sicher, er würde als Erstes davon sprechen, dass die Seele dann einen neuen Leib erhält, der nicht mehr krank und alt wird, der keine Schmerzen mehr aushalten muss – und mit dem man durch verschlossene Türen gehen kann. Ich hoffe sehr, dass kommende Jahre und Gespräche seinen Horizont weiten und er diese Vorstellung vom »kleinen Gespenst« nach und nach ablegt.

Aber zurück zu den Engeln! Es folgten in dem Bischofsbrief die guten Tipps, wie wir selbst zu guten Engeln für andere werden könnten. »Engel meckern nicht, sondern loben. – Engel sorgen dafür, dass den Menschen nichts Schlimmes passiert. – Engel überbringen den Menschen gute Nachrichten.« »Na,« stellt Hannah fest, »wenn Steffi von nebenan das wüsste, hätte sie nicht so laut geschrien, dass sie der Engel im Krippenspiel sein will. Engelsein, das ist ja richtig anstrengend! Und die hat geglaubt, sie wäre der beste Engel, bloß weil sie so lange blonde Haare hat!«

Gut erkannt, liebe Hannah, die Haartracht hat noch keinen zum Engel werden lassen!

Wir sind bei dem Gedicht von R.O. Wiemer angelangt. Die Kinder kennen es als Lied. Jetzt gehen wir die Strophen noch einmal Wort für Wort durch: »Es müssen nicht Männer mit Flügeln sein, die Engel.« Simon wiegt bedenklich seinen Kopf, und ich lese schnell weiter: »… sie gehen leise, sie müssen nicht schrei'n« (und als Mutter von sechs Kindern, von denen das älteste übermorgen neun wird, versehe ich den Satz im Stillen mit drei Ausrufezeichen und hoffe, dass zumindest bei einigen der angehenden Engel sich der Gedanke festsetzt.)

»Manchmal sind sie alt und hässlich und klein, die Engel.« Da wird heftiger Protest laut. Ein hässlicher Engel – undenkbar. Es liegt wohl daran, dass die Kinder die Menschen noch nicht in Hübsche und Hässliche einteilen. Ich rette die Situation, indem ich nochmals auf Steffi's Engelshaar zurückkomme. Ob nicht auch ein Kind mit Stoppelkopf oder ein alter Mann mit Glatze andere loben, sie beschützen und ihnen die frohe Botschaft bringen kann? Ja? Na also! Sie haben begriffen.

»Sie haben kein Schwert, kein weißes Gewand …« Naja, Simon wäre eher auf das Schwert scharf gewesen, seine Schwestern tendieren zum weißen Gewand – aber gut, sie haben es geschluckt, es geht auch ohne.

Die weiteren Verse sind ihnen verständlich: »Er gibt dir die Hand, wohnt Wand an Wand, bringt dem Hungernden das Brot, der Engel …« Das ist klar! »Er steht im Weg und sagt: Nein!, der Engel …« Dabei assoziieren meine Großen wohl ihren kleinen Bruder, der auch mehrmals täglich im Weg herumsteht und aus vollem Halse Nein brüllt. Sie lachen ein bisschen, aber schnell fallen ihnen Situationen ein, in denen einer in Gefahr gerät oder etwas Schlechtes zu tun im Begriff ist – und wo ein Engel warnend, groß wie ein Pfahl, streng und hart im Weg stehen muss.

»Das tust du ja auch, Mama, du bist unser Engel.«

Ach, das tut gut! Ein Blick auf die Uhr zeigt, dass wir über die Engel fast vergessen hätten, dass Hannah zur ersten Stunde Schule hat. Hastig schlüpft sie in Stiefel und Jacke, schnappt den Ranzen und stürmt los. In der Tür ruft sie: »Heute beschütze ich die Rosi, wenn die anderen sie auslachen. Und ich schreibe einen Brief an Tante Rosl.« Dann ist sie weg.

Ich sehe sie den Berg hinunter segeln, der Ranzen geht auf dem Rücken auf und nieder – oder sollten es doch ein Paar Flügel gewesen sein?

Kindliche Rituale sind wichtig

Kinder wollen Feste feiern. Kleine und große. Angedeutete und üppig ausgestattete. Und zwar viel mehr als der Festkalender des Jahres hat. Eine Familie mit kleinen Kindern wird sich kein Fest entgehen lassen, und wenn wir Matthias Claudius, dem Dichter, zuhören, dann gab es in seiner Familie einmal ein Fest anlässlich des ersten Zahns, den eines seiner Kinder bekam:

Viktoria! Viktoria!
Der kleine weiße Zahn ist da.
Du, Mutter! komm, und Groß und Klein
im Hause! kommt und guckt hinein
und seht den hellen, weißen Schein.

Der Zahn soll Alexander heißen!
Du liebes Kind! Gott halt' ihn dir gesund
und geb dir Zähne mehr in deinen kleinen Mund
und immer was dafür zu beißen!

Der Gelegenheiten sind unendliche unter den Festen der Erwachsenen, und die Kinder werden sie alle begeistert nachspielen. Am Sonntag wurde das neue Schwesterchen getauft. Was ist selbstverständlicher, als dass die Dreijährige ein paar Tage später ihren Bären weiß verschnürt und tauft? Am Hochzeitstag der Tante ging die Kleine vor dem Brautpaar und streute Blumen. Warum soll sie nicht nachspielen, was sie sah, vielleicht mit dem Nachbarjungen, den sie so sympathisch findet?

Das und vieles andere bleibt im Rahmen des Spiels und dient mehr der fröhlichen Unterhaltung. Sehr ernst und wichtig aber wird es, wenn der Wellensittich stirbt. Als der Großvater starb, versammelte sich die Familie auf dem Friedhof und gab ihm in einer feierlichen Bestattung ein letztes Geleit. Nun stirbt der geliebte kleine Vogel. Warum, da er doch zur Familie gehört, soll man ihn einfach verscharren? Er muss doch auch richtig bestattet werden!

Es muss uns klar sein, dass für ein Kind der Unterschied nicht groß ist zwischen der Liebe, die es mit einer Katze verbindet, und der, die es seiner Puppe zuwendet. Zwischen einem Wellensittich und einem Plüsch-Bären. Sie alle sind lebendig, und sie alle sind ein Teil des Kindes. Das zeigt sich etwa, wenn das Kind beim Gute-Nacht-Gebet seinen Bären in den Arm nimmt und ihm die Pfoten zusammenlegt. Können Bären beten? In der Tat, sie können. Und zwar deshalb, weil ein Bär keineswegs in erster Linie das Industrieprodukt aus Stoff und Glasaugen ist, das man im Laden kauft. Ein Bär ist, was das Kind in ihn hineinlegt und dann in ihm sieht. Es legt ein lebendiges Wesen in ihn hinein, nämlich sich selbst, und der Bär ist nun ein Teil des Kindes. Gehe ich als Vater oder Mutter mit dem Bären meines Kindes um, dann darf ich, wenn das Kind dabeisteht, mich gegenüber dem Bären nicht anders verhalten, als ich es auch dem Kind gegenüber täte.

Werfe ich ihn in eine Ecke, dann tue ich das für das Empfinden des Kindes mit ihm selbst. Eine junge Frau schilderte uns, mit welchem Entsetzen sie als Kind ihre geliebte, von ihrer Mutter gewaschene Stoffpuppe an den Haaren an der Wäscheleine hängen sah. Wie kann man so grausam sein und eine Puppe an den Haaren aufhängen! Noch die erwachsene Frau war von der Empörung des Kindes nicht frei geworden.

Auch der Unterschied zwischen einem Menschen und einem Tier ist für das Kind gering. Wir haben damals, als wir zum ersten Mal »Kriegt ein Hund im Himmel Flügel«

»Es ist schon acht vorbei. Wo bleibt das große Affentheater mit dem Schlafengehen?«

schrieben, eine Kinderfarm begründet, in der bis heute viele Arten von Tieren mit Kindern ein großes Gelände bewohnen, und wir kamen zu der Überzeugung, dass die Beziehungen zwischen einem Kind und einem Tier häufig viel enger und näher sind als die desselben Kindes zu irgendeinem Erwachsenen. Ob es nun der Hase ist, den das Kind stundenlang auf dem Schoß hat und streichelt oder das Pferd, dem sich das zwölfjährige Mädchen mit seiner ganzen Leidenschaft zuwendet.

Wenn nun der Wellensittich gestorben ist, dann darf er auf keinen Fall einfach entsorgt werden. Es muss ein Ritual geben, mit dem wir uns von ihm verabschieden. Wir machen ihm im Garten oder, wenn wir keinen Garten haben, irgendwo am Waldrand ein Grab, schreiben seinen Namen auf ein Holz, das wir darüber einstecken, und sagen ein paar Worte, wenn wir ihn in das kleine Grab gelegt haben, mit denen wir ihm danken, dass er bei uns gewesen ist und so schön gesungen hat. Wenn aber nun das Dreijährige fragt: Kommt er in den Himmel? Dann sagen wir genau das Falsche, wenn wir antworten: Nein. Tiere können nicht auferstehen.

Denn das Kind, das sich mit dem Vogel in eins setzt, hat ja seine eigene Auferstehung im Auge. Und darum hat auch der Vogel eine Auferstehung vor sich. Und insofern ist die Bestattung eines Tieres, das von einem Kind geliebt wird, ein ungleich ernsthafterer Vorgang als das Spiel von Taufe oder Hochzeit.

Bei Anna Schieber lasen wir einmal: Als sie klein war, ging ihre heißgeliebte Porzellanpuppe Helene zu Bruch. Ein paar Tage später starb im Nachbarhaus ein Kind. Als sie hinüberkam und die Familie in Trauer und in Tränen antraf, sagte sie:»Ich weiß gut, wie das ist, wenn einem ein Kind umkommt, von meiner Helene her.« Die einen lachten, die anderen waren empört: Wie kann man eine Puppe mit einem Kind vergleichen? Aber die kleine Anna hatte völlig Recht. Sie empfand nicht anders als eine erwachsene Mutter, und ihr Leid war so schwer, wie es für einen Menschen überhaupt sein kann.

Wenn jemand in der Familie stirbt

Es liegt nahe zu sagen:»Der Tod ist ein Thema, vor dem ich mein Kind bewahren muss. Ich halte alles fern, was es erschrecken oder ängstigen oder traurig machen könnte.« Aber was erreicht man damit? Das Kind begegnet dem Tod täglich und nah. Die Blumen in der Vase welken. Man muss sie wegwerfen. Die Mutter brät ein Huhn. Das Huhn hat einmal gelebt und musste sterben. Auf dem Balkon liegt ein Vogel, der gegen das Glas geflogen ist. Im Garten liegt ein toter Igel. Man muss ihn begraben. Und das Kind fragt: Warum musste der Igel sterben? Was ist, wenn man tot ist? Wenn Gott uns liebt, warum lässt er uns sterben? Es begegnet andererseits überall dem fernen Tod: in einer Erzählung. Im Fernsehen. Auf einem Bild. Und es begegnet dem Tod in sehr dichtem Abstand: dem Tod der Mutter eines Nachbarkindes. Dem Tod der Großmutter oder des geliebten Hundes.

Nun ist der Tod in einer Geschichte oder im Fernsehen wenig bedeutsam. Das Kind wird wenig von ihm berührt sein. Ein Streit zwischen Eltern in einem Film ist die viel größere Katastrophe als der Tod von Hunderten von Menschen in China. Aber was es wirklich betrifft, dem kann es auf vielerlei Weise begegnen. Es kann mit lebhafter Neugier reagieren oder mit Desinteresse, mit einem Verdrängungsverhalten wie Gelächter oder Gekicher oder auch mit tiefer Ratlosigkeit oder Trauer. Wir können nie wissen, was sich dahinter verbirgt und was in der Seele des Kindes sich wirklich abspielt.

Vor allem ist die Trauer im eigentlichen Sinn nicht von langer Dauer. Größer als die Trauer wird die Angst sein, die es erfüllt. Darum ist es so wichtig, dass wir das Kind einbeziehen. Dass wir mit ihm reden. Denn es will verstehen. Es will hören, was den Erwachsenen umtreibt und was er Tröstendes zu sagen weiß.

Auf der anderen Seite haben Kinder eine bemerkenswerte Fähigkeit, von schweren Fragen aus rasch und übergangslos in ein lärmendes, begeistertes Spiel umzusteigen. Sie begeistern sich daran, einander mit Spielzeugpistolen totzuschießen, können anschließend unter Tränen ein totes Eichhörnchen begraben und kurz danach mit Behagen ein Eis lutschen.

Wie verhalten wir uns bei alledem? Vielleicht erzählen wir von Tagen, an denen wir selbst einem Sterben begegnet sind. An denen wir selbst in Todesgefahr waren. Was wir uns da gedacht haben. Was es in unserem Leben verändert, inwiefern es unsere Gedanken über das Leben weitergebracht hat. Je ausführlicher, je gelassener und freundlicher wir das tun, desto eher wird das Kind seine Angst verlieren und desto weniger wird es auf allerlei Methoden des Verdrängens angewiesen sein.

Entscheidend aber bei alledem wird sein, was wir selbst von unserem Tod glauben. Wie wir über ihn hinaussehen. Was wir nach ihm erwarten. Wohin wir gehen werden. Wir werden etwa erzählen, dass der Tod eine Tür ist. Dass die Tür aufgeht und jemand uns ruft zu kommen. Dass wir dann hinübergehen in eine neue, andere Welt, in der es hell und gut ist. Dass Gott uns in den Arm nimmt und sagt: Kommt! Ich will euch zeigen, wie es weitergeht. Dass es aber gilt zu warten, bis Gott uns wirklich ruft.

Nun stirbt der Großvater. Er war bisher da. Man konnte mit ihm reden. Plötzlich ist er fort. Gestorben. Wie kommt ein Kind damit zurecht?

Vielleicht bereitet sich der Tod des Großvaters vor. Er ist krank. Man weiß, dass er seine Krankheit nicht mehr überleben wird. In dieser Zeit könnten Sie mit den Kindern darüber sprechen, dass sein Leben irgendwann zu Ende gehe. Sie machen mit dem Drei- oder Vierjährigen einen Spaziergang auf den Friedhof. Das ist ein Garten mit Bäumen und Blumen, und es ist so schön still dort. Und die Mutter oder der Vater erzählen:»Hier liegen alle die Leute, die gestorben sind. Die Alten, die nicht mehr recht gehen konnten. Die Kranken, die nicht mehr gesund geworden sind. Aber auch Kinder, die überfahren worden sind. Die liegen nun alle hier.« Und je nachdem, was Sie selbst glauben, erzählen Sie von Gott, der sie alle gerufen hat, und vom Himmel, in den sie gegangen sind. Jedenfalls muss der Friedhof für das Kind ein Ort des Friedens sein. Es darf sich kein Schrecken mit ihm verbinden. Schrecken kommt im akuten Fall noch genug.

Wenn der Großvater im Sterben liegt, werden wir irgendwann einen kleinen Abschied feiern. Ich, Jörg, weiß von mir selbst, wie tief mich der Tod meines Vaters berührt hat. Und ein richtiger Abschied, wenn er gelingt, hilft über viel Trauer hinweg.

Dann folgt die Beerdigung. Wir hätten Bedenken, ein Kind unter sieben oder acht Jahren dazu mitzunehmen. Es kann eigentlich gar nicht ohne Schock abgehen, wenn es zusieht, wie man den Kasten, in dem der Großvater oder gar der Vater liegt, in das dunkle Loch hinunterlässt und dann womöglich noch Erde darauf wirft. Besonders sensible Kinder werden wir nicht vor ihrem zehnten Jahr mitnehmen. Für dieses Alter allerdings kann es andererseits sehr sinnvoll sein, dass sie die Beerdigung des Vaters miterleben. Sie werden so deutlich ihre künftige Rolle wahrnehmen. Sie wissen dann: Die Mutter braucht jetzt unseren Beistand, und wir alle müssen zusammenstehen. Sie können ganz ritterlich empfinden: Jetzt braucht uns die Mutter.

Manchmal fragen uns Eltern, ob sie den Toten, ehe der Sarg geschlossen wird, den Kindern noch einmal zeigen sollen. Davon möchten wir abraten. Das starre, bleiche Gesicht kann sehr erschreckend wirken. Der Tote ist nicht mehr der, den das Kind kannte und liebte, aber es soll den Lebendigen im Gedächtnis bewahren.

Man wird aber alles, was wir schon über die Zukunft der Toten gesagt haben, bedenken und dem Kind so anschaulich wie möglich sagen, dass der Tote nun einen Weg geht durch den Tod hindurch. Und wenn wir danach, später, einen Besuch bei dem Grab machen, dann werden wir nicht den Großvater dort suchen. Wir werden aber dem Kind erklären: Schau mal! Wir haben alle einen Körper. Der ist wie ein Kleid, das wir anziehen. Ein schönes und sehr praktisches, ein kunstvolles, das uns wärmt und schützt. Wenn wir sterben, das ist wie abends, wenn wir uns ausziehen und das Kleid über einen Stuhl hängen. In einem anderen, leichten Kleidchen schlafen wir. Der Großvater hat seinen Leib abgelegt. Der ist jetzt hier im Grab. Der Großvater war nicht mehr in seinem Körper, als der Sarg in die Grube hinuntergelassen wurde. Er war da schon weit weg. Er war schon hinüber gegangen in die andere Welt. Dort hat er einen neuen, ganz anderen Leib bekommen und in dem lebt er jetzt drüben. Hier an dem Grab stellen wir Blumen auf, weil wir an ihn denken und ihm für alles dankbar sind, was er für uns getan hat, und für alle seine Liebe. Und das werden auch kleine Kinder durchaus verstehen und im Frieden bedenken können.

Mit Gott reden. Wie geht das?

Kinder beten nicht kindlich, sondern ernsthaft

Wir können nicht wissen, wie Sie über das Beten denken. Vielleicht ist es Ihnen selbstverständlich, vielleicht sind Sie an dieser Stelle unsicher. Vielleicht können Sie nichts damit anfangen. Wenn aber Ihr Kind Sie einmal fragt: »Warum beten wir zu Tisch oder abends im Bett? Wo ist denn Gott? Warum sehen wir nichts von ihm? Kann er denn alle Leute hören?« Dann müssen Sie antworten können.

Ihre Antwort muss einfach sein. Wenn Sie keinen Gott glauben, ist das Gebet sinnlos. Es kann Sie zwar beruhigen oder trösten, aber es ist kein Gebet. Wenn Gott für Sie gegenwärtig ist, ist das Gebet selbstverständlich. Zweifeln Sie daran, ob Gott alle hören kann? Dann prüfen Sie, ob nicht Ihr Bild von Gott ein wenig zu klein geraten ist. Ob Sie nicht, wenn Sie Gott meinen, an einen Beamten denken, der hinter seinem Schalter sitzt und immer nur einen bedienen kann. Und ob er überhaupt hört? Die Bibel antwortet: »Der das Auge gemacht hat, sollte der nicht sehen? Der das Ohr gemacht hat, sollte der nicht hören?« Und für Jesus ist es völlig klar: »Euer Vater weiß, was ihr braucht, ehe ihr ihn bittet.« Warum also sollte ich nicht versuchen, mit ihm zu reden?

Wenn wir aber nun mit Kindern beten, müssen wir uns einige Dinge ganz klar machen. Einmal: Worte des Gebets, vor allem, wenn sie oft wiederholt werden, prägen sich ins Gedächtnis und ins Nachdenken Ihres Kindes fast unauslöschlich ein. Wir sollten also Gebete wählen, mit denen der Achtzehnjährige und die Vierzigjährige noch etwas anfangen können. Gebete, mit denen sie sich nicht kindisch vorzukommen brauchen, wenn sie sie vielleicht noch einmal sprächen. Mit Gebeten muss man erwachsen werden können.

Zweitens: Ein Kind braucht nicht nur, was seinem Alter entspricht, nicht nur das »Kindgemäße«. Es braucht auch Gedanken, in die es erst hineinwachsen muss. Die ihm helfen, älter zu werden.

Drittens: Die Kinder in einer Familie sind verschieden groß. Wenn alle zusammen etwa ein Tischgebet sprechen sollen, dann darf das Gebet nicht allein für das Vierjährige bestimmt sein, während das Zehnjährige sich verächtlich abwendet. Das Gebet muss für den Erwachsenen wahr sein, und die Kinder wachsen durch stete Wiederholung in es hinein.

Und noch eins: Väter und Mütter sollten auswendig lernen. Niemandem fällt zu jeder Zeit ein freies Wort ein, das dem Sprecher selbst und dem Hörer angemessen ist. Wer sich ans Bettchen setzt und sich da erst überlegt, was er sagen will, kommt in Schwierigkeiten. Auswendig lernen, nicht nur Gebete, sondern Lieder, Gedichte, lustige Verse, kann man überall. Beim Stricken oder in der Straßenbahn oder im Wartezimmer. Und für alles wird sich die Gelegenheit ergeben, es dem Kind irgendwann vorzusagen. Kinder haben eine große Vorliebe für alles, was sich reimt.

Auf jeden Fall ist ein Gebet für ein Kind nichts »Kindliches«, sondern etwas Ernsthaftes. In den Augen des Kindes sind Vater und Mutter praktisch allmächtig. Sie können alles. Sie tun alles, was sie wollen. Aber nun erfährt es von den Eltern: Nein, das stimmt nicht. Wir können längst nicht alles. Aber über uns und um uns her ist Gott, der kann mehr als wir. Alles. Und das Kind begreift auf diesem Weg etwas davon, wer dieser Gott ist, mit dem Mutter abends spricht.

Oder so: Es fürchtet sich – vor dem Hund von nebenan, den frechen Buben, der Dunkelheit im Keller, dem Alleinsein in der Nacht. Es sucht Schutz und Sicherheit. Es meint natürlich, den Eltern gehe es anders. Der Hund kann ihnen nichts tun, die Buben sind zu klein, im Dunkeln können Vater und Mutter Licht machen, und bei Nacht sind sie immer beieinander. Aber nun sagt die Mutter bei irgendeiner Gelegenheit: »Ich habe so Angst, es könnte etwas passieren.« – »Der Vater ist noch nicht da.« – »Es kommt ein Gewitter.« – »Hoffentlich gibt es keine Überschwemmung.« Und dann sagt sie vielleicht: »Auch die großen Leute können sich nicht selber schützen. Aber wenn wir Angst haben, dann sprechen wir mit Gott. Dann sind wir auf keinen Fall verlassen, auch wenn etwas Schreckliches passiert.« Und das Kind findet dabei den Sinn des Betens.

Oder: Es erlebt, dass die Mutter da ist, auch wenn sie nur gelegentlich durchs Zimmer läuft. Auch wenn sie in der Küche ist und man nur das Geklapper hört. Wenn sie fortgeht, sagt sie: »Ich bin bald wieder da.« Dann weiß das Kind: Jetzt holt sie Milch. Sie ist eigentlich gar nicht weit fort, auch wenn ich sie eine Weile nicht sehe. Und dann sagt Mutter: »Jeder von uns kommt sich manchmal allein vor. Auch der Vater, wenn er mit dem Auto fort muss. Auch die Oma, die niemand mehr bei sich hat. Aber wir sind doch alle nicht allein. Einer ist immer bei uns und um uns her: Gott.«

Vielleicht auch so: Das Kind hört, wie die Mutter diesen Gott um etwas bittet: dass der Großvater wieder gesund wird oder das ältere Brüderchen ohne Unfall in die Schule kommt und wieder zurückfindet oder dass das kleine Geschwisterchen, das noch in ihrem Bauch ist, heil auf die Welt kommt. Dass man jemand, der da ist und alles kann und einen lieb hat, um etwas bittet, ist für das Kind nicht erstaunlich, sondern eigentlich selbstverständlich. Es begreift aber vor allem, dass dieser Gott auch beim Großvater und auf der Straße und beim neuen Geschwisterchen ist und man überall mit ihm reden kann.

Oder so: Es ist überzeugt, dass Vater und Mutter alles wissen, und wenn es in das Alter der tausend Fragen kommt, dann braucht es ja auch ein wahres Lexikon von einer Mutter. Warum der Hund einen Schwanz hat und warum der Mond nicht vom Himmel fällt, das geht zur Not. Aber wenn das Kind etwa fragt:»Warum muss der Opa krank sein?«, dann hört es:»Das weiß ich nicht. Niemand von uns. Auch der Opa nicht. Das weiß nur einer: Gott. Es gibt überhaupt viele Dinge, die man nicht weiß und die geheimnisvoll sind. Die Kinder kennen sie natürlich nicht, aber auch die großen und gescheiten Leute können darüber nicht viel wissen.« Und immer hört es von dem Einzigen, der alle Geheimnisse kennt und selbst geheimnisvoll ist: Gott.

So ist das Gebet für ein Kind durchaus nichts Lebensfremdes, sondern etwas ganz Praktisches. Es stimmt schon, dass Kinder in einem gewissen Sinn religiös sind. Und wir Erwachsenen könnten ganz ebenso von der Praxis unseres Lebens aus beten, wenn wir uns die Grenzen unserer Macht und Zuständigkeit ein wenig deutlicher machten.

Vor allem noch eins: Das Kind wird in einem Gebet gern Bitten vorbringen. Dass die Sonne scheint, dass der verlorene kleine Bär wieder gefunden wird. Wir werden ihm aber doch helfen können zu verstehen, dass das Erste und Wichtigste in einem Gebet dies ist, dass wir danken und dass wir uns anvertrauen. Es ist ja viel besser, für etwas dankbar zu sein, das man erlebt hat, als immer mehr haben zu wollen. Das gute Gebet wird zeigen, wie wir Gott gegenüberstehen. Wir stehen ihm aber in erster Linie als die Empfangenden gegenüber. Als die Beschenkten. Und wir werden unsere Bitten immer leiser aussprechen als unsere Dankbarkeit. Und werden nie bitten ohne den Zusatz: Wenn du es willst. Das heißt, wir werden unser Gebet davor bewahren, dass es zum Zaubermittel wird, mit dem wir uns beschaffen können, was wir zu brauchen meinen.

Und zuletzt: Wenn ein Gewitter über dem Haus ist, dann beten wir nicht, dass der Blitz nicht bei uns, sondern vielleicht sonstwo einschlagen möge, wir bitten nicht, dass es aufhört, sondern wir vertrauen uns im Gewitter der Hand Gottes an, aus der uns auch das Gewitter nicht reißen kann. Und darum ist unser Beten von allem Anfang an mehr ein Hören als ein Reden, mehr ein Vertrauen als ein Wollen. Mehr Antwort als Forderung.

Die gefalteten oder aneinander gelegten Hände bedeuten: Ich will jetzt nichts tun. Ich will nichts erreichen. Ich bin in Gott. Wenn wir die Hände ausbreiten und schalenförmig nach oben öffnen, sagen wir damit: Ich weiß, dass ich alles, was gut für mich ist, empfangen muss. Und Gott wird mir geben, was ich brauche. Wenn ich dabei die Hände vor die Augen lege, sage ich damit: Nicht, was ich sehe, ist wichtig. Wichtig ist, was mir von Gott her auf leise Weise zugesprochen wird. Das muss ich hören. Wenn ich knie, sage ich damit: Ich weiß, wie klein ich vor Gott bin, wie gering meine Kraft, so gering wie die eines Kindes. Aber ich bin in meiner Kleinheit und Wehrlosigkeit in Gott geborgen. Ich muss nicht stehen, um jemand zu sein. Wenn ich still und ruhig werden will, um beten zu können, dann sage ich damit: Der ganze Betrieb, in dem ich den ganzen Tag über lebe, soll beendet sein. Gott kommt in die Stille, nicht in die Hektik. Seine Stimme ist leise und nicht laut. Ich warte darauf, dass er mich besucht und mich segnet. Und auch solche Dinge werde ich mit meinem Kind – wenn ich sie gut finde – einüben.

Wie man mit Zwei- bis Vierjährigen beten kann

Man kann es durchaus zunächst auf die herkömmliche Weise, dass man ihnen Verschen vorspricht oder Lieder vorsingt. Man kann etwa sagen, wenn sie im Bettchen liegen und schlafen sollen:

Zur Ruh will ich mich legen.
Mit Liebe und mit Segen,
du Vater, schließ mich ein.
So schlaf ich ohne Sorgen
vom Abend bis zum Morgen
als wie im Nest ein Vögelein.

Oder:

Müde bin ich, geh zur Ruh,
schließe beide Augen zu.
Vater, lass die Augen dein
über meinem Bettchen sein.

Alle, die mir sind verwandt,
Gott, lass ruh'n in deiner Hand.
Alle Menschen, groß und klein
sollen dir befohlen sein.

Daran ist wichtig und gut, dass ein solcher Vers sich einprägt und dass man ihn auch sagen kann, wenn man zu müde ist, einen eigenen Gedanken in einen vernünftigen Satz zu fassen.

Man kann es aber auch mit einfachen, persönlichen Worten. Etwa so: »Es war schön heute, lieber Gott. Wir danken dir, dass uns mit dem Auto nichts passiert ist.

Behüte uns in dieser Nacht. Amen.« Oder: »Unser Schwesterchen ist krank. Mache es wieder gesund, dass es nicht mehr weinen muss. Und behüte uns alle. Amen.« Der Vorteil ist, dass solche Gebete dicht mit den Erlebnissen des Kindes zusammenhängen und von hier aus ein Weg zu wirklich persönlichem Beten führt.

Wir haben gefunden, dass man am besten beides verbindet. Einen Vers, »… so legt euch denn, ihr Brüder, in Gottes Namen nieder. Kalt ist der Abendhauch. Verschon' uns, Gott, mit Strafen und lass uns ruhig schlafen und unsern kranken Nachbarn auch«, und ein eigenes Wort: »… auch unsere Großmutter und Onkel Christoph und unser Schwesterchen, und gib, dass wir morgen früh alle fröhlich aufwachen. Amen.«

Für Vier- bis Sechsjährige können wir etwa so sprechen:

Vater im Himmel,
wir danken dir für diesen Tag.
Wir danken dir für diese Nacht.
In deiner Hand sind wir,
ob es hell ist oder dunkel,
ob wir wachen oder schlafen.

Alle Bäume schlafen nun,
und sie wachen wieder auf,
wenn es Tag wird.
So wachsen sie und blühen,
und so reifen die Äpfel
und viele andere Früchte.

Lass auch uns wachsen
an unserem Leib und an unserer Seele,
wenn wir schlafen oder wachen,
dass wir so werden,
wie wir in deinen Augen sind.

138

Für Kleinere so:

Die Nacht bricht an
über Stadt und Feld.
Gott, segne die Erde,
behüte die Welt.

Oder irgendwann später so:

Meinem Gott gehört die Welt,
meinem Gott das Himmelszelt,
ihm gehört der Raum, die Zeit,
sein ist auch die Ewigkeit.

Und sein eigen bin auch ich.
Gottes Hände halten mich
gleich den Sternen in der Bahn;
keins fällt je aus Gottes Plan.

Wo ich bin, hält Gott die Wacht,
führt und schirmt mich Tag und Nacht;
über Bitten und Verstehn
muss sein Wille mir geschehn. Amen

Oder wir können Lieder miteinander singen oder sprechen wie:
»Weißt du, wieviel Sternlein stehen?« oder »Der Mond ist aufgegangen.«
Für das Kind, meinen wir, sei es am schönsten, wenn es zuerst warm eingepackt wird, dann noch ein wenig mit der Mutter plaudert und wenn schließlich ohne großen Übergang das Abendgebet folgt und der Gutenachtkuss. Denn das Gebet ist ja keine Pflichtübung, zu der eine besondere Haltung nötig wäre, sondern einfach ein kurzes Gespräch mit Gott in der Geborgenheit bei der Mutter.
Wenn das Kind dann erlebt, dass bestimmte Bitten

nicht erfüllt werden, geschieht ihm nichts Überraschendes. Wenn es gescheite Eltern hat, weiß es ohnedies bald, dass ihm von den Eltern manches gewährt wird und manches andere nicht und dass das Bitten trotzdem Sinn hat. Und wenn das nicht so recht überzeugend gelingt? Die Mutter fragt die Siebenjährige, die niemals einschlafen will, wenn die Mutter nicht mit ihr gebetet hat: »Brauchst du das Beten eigentlich?« Antwort: »Ja, ich brauch's!« Nach einer Weile verbessert sie sich: »Nicht das Beten, aber dass du vor dem Einschlafen da bist, das brauche ich.« Reicht das aus? Wir meinen, es reicht. Denn nicht nur die Erwachsenen, auch die Kinder haben einen weiten Weg, bis ihr Gebet wirklich ein Ausdruck ihres eigenen Glaubens ist. Unbeholfene Worte schaden nichts, und es schadet auch nicht, wenn die Mutter in ihrer Müdigkeit einen Vers nicht mehr recht weiß und ihn nicht zu Ende bringt.

Worauf wir achten müssen, das ist aber, dass wir keine Sprache gebrauchen sollten, mit der der Fünfzehnjährige sich läppisch vorkäme. »Silberengelein« und »fromme Kindlein« sind verboten. Warum? Was wir dem Kind vorsagen, bleibt in ihm haften. Vielleicht fürs ganze Leben. Wir sollten also nur solche Gebete sprechen, die es in zehn oder zwanzig Jahren noch einmal sprechen könnte. Wenn wir selbst nicht an »Silberengelein« glauben (es gibt ein Kindergebet, in dem sie vorkommen), sondern zum Beispiel wissen, dass die Engel der Bibel strenge und ernste Wesen sind, oder das Gerede von »frommen Kindlein« für eine Schnulze halten, dann werden wir auch unsere Kinder damit verschonen.

Im vergangenen Krieg sind vielen erwachsenen Männern in schrecklichen Situationen ihre Kindergebete wieder eingefallen. Was hätte der gefährdete Mann mit »Silberengelein« angefangen? Mit einem einfachen, wahren Kindergebet aber hat er einen Begleiter bei sich, an dem er Halt findet.

Ein gutes Kindergebet begleitet uns von klein auf und hat uns durch die Jahre immer noch Neues zu geben, zum Beispiel der Vers:»So legt euch denn, ihr Brüder«, den wir oben zitiert haben. Dieser Vers ist dem Vierjährigen durchaus verständlich, und der alt gewordene Mensch spricht ihn noch immer, weil er durch ein ganzes Leben hin wahr geblieben ist.

Es gibt auch falsche Töne.»Ich bin klein, mein Herz mach rein. Soll niemand drin wohnen als Jesus allein.« Unsinn. Im Herzen eines Kindes soll eine ganze Welt von vielen lebendigen Wesen Platz haben: die Eltern und die Geschwister, der Hund und die Schlafpuppe, der Bär und das Bilderbuch. Kein Wunder, dass wir einmal ein Kind sagen hörten:»Ich bin klein. Mein Herz mach rein. Soll niemand drin wohnen. Amen.« Oder ein anderes:»Wer soll da drin wohnen? Der Jesus? Den will ich da gar nicht drin haben.« Völlig richtig gedacht, denn der Vers verlangt zuviel; einen Jesus, der nicht mit allem anderen zusammen in meinem Herzen wohnen kann, will ich dann lieber gar nicht bei mir haben.

Oder:»Lieber Gott, mach mich fromm, dass ich in den Himmel komm.« Das ist ein falscher Ton. Denn wir Erwachsenen können wissen, dass wir nicht in den Himmel kommen,»weil wir so fromm sind«, sondern allenfalls, weil es auch für uns unfromme Menschen einen Zugang gibt. Weil Gott uns liebt. Das kann schon für ein Kind, das durchaus merkt, wie wenig»fromm« es ist, ein wichtiger Trost sein. Und diesen Trost verbauen wir ihm mit einem solchen Gebet.

Die Dreijährige lernt diesen Vers, beim Hersagen aber stockt sie immer wieder nach»fromm«. Die Mutter fragt: »Wie geht's denn weiter?« Schließlich bringt sie heraus: »dass ich ... dass ich in der Mama ihr Bett komm.« Recht hat sie. Das ist ein guter Platz. Was soll sie mit ihren drei Jahren im Himmel? Sie soll ja erst einmal auf dieser Erde

Fuß fassen. Aber andererseits: Muss man nun fromm sein, um in der Mama ihr Bett zu kommen?

Viel wichtiger, als dass das Kind »fromm« werden will, ist, dass es Vertrauen hat, sich geborgen und geliebt weiß. So hat es dann auch das Gefühl, gut zu sein. Und von diesem guten mutigen Gefühl aus kann es auch einmal ein Mensch werden, der mit dem Glauben an Jesus Christus Ernst macht.

Kann man dem Kind, wenn es in den Kindergarten geht, einen Vers mitgeben? Man kann es durchaus. Zum Beispiel diesen:

Führe mich, o Herr, und leite
meinen Gang nach deinem Wort.
Sei und bleibe du auch heute
mein Beschützer und mein Hort.
Nirgends als bei dir allein
kann ich recht bewahret sein.

Oder:

Der Vater im Himmel behüte dich.
Er behüte deine Seele.
Er behüte deinen Ausgang und Eingang
von nun an bis in Ewigkeit.

Richtig »Gute Nacht« sagen

Einmal, als die Arbeit über ihr zusammenschlug, brachte die Großmutter eines unserer Kinder rasch und flott ins Bett. Es wehrte sich:»Das ist nichts. Du musst richtig gute Nacht sagen.« Was ist richtig?»Richtig« ist: Gründlich und ausführlich. Man wird warm eingepackt und ausführlich gestreichelt, und die Mutter oder der Vater oder die Großmutter sitzt daneben und plaudert mit einem oder singt einem etwas vor. Und schließlich kommt das Abendgebet oder ein Segen. Das ist»richtig«.»Nicht richtig« ist schnell und plötzlich.

Denn für den kleinen Andreas ist die Nacht viel bedrohlicher, als wir Erwachsenen nachfühlen können. Er erlebt sie noch wie die alten Völker, für die die Nacht voll war von Geistern und Kobolden und unbekannten Mächten. Wie soll man es nicht mit der Angst zu tun bekommen, wenn die vertraute Welt mit dem Schrank und dem Vorhang und der Lampe und der bunten Tapete plötzlich nicht mehr sichtbar ist? Und dazu ist man plötzlich allein, es wird still, und niemand ist da. Die Eltern braucht man, um ohne Angst in die Nacht hinüber zu kommen, und gerade sie gehen nun weg. Ehe sie weggehen, braucht man das»richtige« Gute-Nacht-Sagen.

»Richtig« gute Nacht sagen kann heißen: Man lacht miteinander über irgendetwas Lustiges, das heute geschehen ist. Man erinnert sich, was schön war. Man freut sich auf das, was morgen kommt. Man unterhält sich über ein spannendes Thema. Man erzählt eine kleine Geschichte. Man singt miteinander. Und am Ende spricht man, wenn man will, ein Gebet. Zum Beispiel:

Gib allen Lieben heute Nacht
einen guten Schlaf, hab sie in Acht.
Bewahr uns alle, groß und klein,
dass deine Liebe uns verein,
und gib einen neuen Tag, Herr Christ,
uns allen, wenn's dein Wille ist.

Oder:

Der ewig reiche Gott
woll uns in unserm Leben
ein immer fröhlich Herz
und edlen Frieden geben
und uns in seiner Gnad
erhalten fort und fort
und uns aus aller Not
erlösen hier und dort.

»Bloß eine Gewohnheit«, sagt man gelegentlich über das regelmäßige Beten. Möglich. Aber was heißt »bloß«? Gewohnheiten sind eine Kostbarkeit. Wer seinen Kindern fürs ganze Leben eine Hilfe mitgeben will, gebe ihnen gute Gewohnheiten mit.

Was macht es schon, sich einmal mit ungewaschenen Händen ans Essen zu setzen? In der Regel gar nichts. Aber es ist eine gute Gewohnheit, sie zu waschen und das, weil man es gewöhnt ist, auch dann zu tun, wenn man gerade keine Lust hat oder es vergessen würde.

Es ist eine gute Gewohnheit, sonntags zur Kirche zu gehen. Dennoch ist der Schaden nicht groß, wenn man einmal keine Lust dazu hat. Jeder, der mit dem Glauben Erfahrungen gemacht hat, weiß, dass das Interesse an der Bibel, an der Kirche, am Gottesdienst oder am Gebet nicht immer gleich groß ist.

Eine so fromme Seele ist kein Mensch, auch kein Heiliger, dass er von sich aus jeden Tag Lust hätte zu beten. Aber die Gewohnheit kann einem durchaus über Phasen hinweghelfen, in denen man eigentlich zu faul wäre, und ein richtiges Gebet kann dann leicht wieder daraus entstehen.

Es ist nicht so wichtig, dass das Kind schon alle Worte versteht. Es geht ihm dabei wie mit einem Bild, das an der Wand hängt: Es sieht es jeden Tag, und wenn es auch nicht alles versteht, was da gemalt ist, so weiß es doch: Wo dieses Bild hängt, bin ich daheim. Und so allmählich, vielleicht im Lauf von Jahren, versteht es eins ums andere auf dem Bild und in den Versen.

Es ist auch mit uns Erwachsenen nicht anders. Wir brauchen ein ganzes Leben, um immer wieder irgendetwas am christlichen Glauben zu begreifen, Stück um Stück, und niemand verlangt von uns, dass wir damit jemals ganz fertig werden. Das ist ein Trost nicht nur für unsere Kinder, sondern auch für ihre unvollkommenen Eltern.

Einübung ins Staunen und in die Stille

Viele Erwachsene empfinden es als Bereicherung und als Kraftgewinn, wenn sie meditieren. Nach Methoden aus der christlichen Tradition oder aus dem Zenbuddhismus oder nach indianischen Verfahren oder auf psychologisch neu entwickelten Wegen. Unsere eigene christliche Überlieferung hat auf diesem Feld unendlich viel gefunden und praktiziert und in den vergangenen Jahrhunderten immer mehr vergessen. Es ist gut, wenn uns fremde Religionen daran erinnern, was wir selbst einmal besessen haben, und uns helfen, es wiederzufinden. Stille sucht man – innere Ordnung. Innere Klarheit. Festigkeit. Lebendigkeit. Und man kann dabei all das auch wirklich finden.

Man nimmt bestimmte Haltungen ein. Man sitzt auf seinen Fersen. Man kniet. Man steht. Man geht im Kreis oder nach bestimmten Tanzschritten. Man stellt Bilder vor sich auf oder hängt sie vor sich an die Wand und versenkt sich in ihre Farben, ihre Formen und Flächen und in ihre Aussagen. Man hört eine leise Musik oder man schlägt irgendein Schlagzeug in einem leisen Rhythmus. Man spricht bestimmte Worte zehnmal oder hundertmal nacheinander und versucht, im Rhythmus dieses Sprechens zu atmen. Man hört und fühlt seinen Atem und geht mit ihm. Man sammelt sich um einen Gegenstand. Einen Stein. Einen Baum. Ein heiliges Zeichen. Man geht durch ein Labyrinth auf der Suche nach der Mitte. Man nimmt ein Buch und liest und hört, was da gesagt wird. Man lauscht dem Ton einer Klangschale nach. Und vieles, vieles mehr.

Für Unzählige führen heute solche Übungen zu einer Wiederentdeckung des Gebets. Vielleicht, wenn Ihnen

Versuchen Sie nicht, kindliche Berufsvorstellungen mit Erwachsenenmaßstäben zu beurteilen.

selbst das Beten Mühe macht, versuchen Sie es einmal auf einem dieser Wege. Denn ein Gebet erfordert einen Menschen, der geübt ist, sich zu sammeln, sich auf einen Punkt hinzuwenden. Der den langen Atem hat, über längere Zeit an einer Sache, einem Thema, bei einem wichtigen Wort zu verweilen. Der fähig ist, von sich zu legen, was ihn stören, irritieren, beschäftigen will. Der sich selbst nicht mehr ganz so wichtig nimmt und der ein Gegenüber sucht, das ihm mehr bedeutet. Also, wenn Ihnen die Hektik des Familienalltags oder sonst etwas immer und immer wieder über dem Kopf zusammenschlägt, dann üben Sie das Weggehen, das Stillwerden, die Geduld, das Sehen und das Hören und das Nachdenken des Herzens bewusst ein.

Und nun machen Sie sich klar, dass es Ihrem Kind ganz ebenso ergeht. Seine Welt ist laut, im Grunde viel zu laut, ein Lärm aus Verkehr und Radiomusik und Stimmen aller

Art, und das Kind muss schreien, um sich bemerkbar zu machen. Seine Welt ist voll von kleinem und großem Tempo, sie ist im Grunde viel zu schnell, als dass es mitkäme. Seine Welt ist viel zu bunt. Es hat kaum Zeit, in der erschlagenden Buntheit sich etwas wie eine schöne Farbe oder Gestalt anzusehen. Es ist eine Welt, in der viel mehr gefährlich ist, als das Kind einordnen kann, und es muss ständig nach allen Seiten darauf achten, dass ihm nichts geschieht.

Nun gibt es heute an vielen Orten Versuche, mit Kindern zu meditieren, sie in die Ruhe zu führen, mit ihnen sich zu sammeln, mit ihnen zusammen die Schönheit der Stille einzuüben. Und wo immer solche Versuche unternommen werden, ist das Ergebnis dasselbe: Die Kinder staunen anfangs, und je länger sie es kennen lernen, desto mehr lieben sie es. Und sie können es. Man kann heute ganze Schulklassen in tiefer Stille meditieren lassen. Ganze Kindergruppen. Und die Kinder bringen sich mit erstaunlicher Bereitwilligkeit ein. Und es ist außer der Hilfe, die wir selbst und unsere Kinder an unserem inneren Menschen empfangen, auch eine Vorbereitung zu einem sinnvollen Gebet, und es ist drittens eine Gegenkraft, die wir den gewalttätigen Kräften unserer heutigen Umwelt entgegensetzen können. Also eine Hilfe auch für unsere Kinder, von Einflüssen und Zwängen ihrer Welt unabhängiger zu werden.

Ein Anfang, den wir mit kleinen Kindern machen können, ist die Einübung ins Staunen. Wir haben schon davon gesprochen und nehmen es noch einmal auf. Wir sagten: Wer staunen kann, sieht und hört mehr. Und er wird mehr lieben. Wir sagten: Zum Staunen gehört das eigene Nachdenken. Beides, das Staunen und das Nachdenken kann man üben, und man übt es, indem man spielt.

Ein Löwenzahnsamen schwebt auf den Kaffeetisch. Ein

Kunstwerk des Fliegens. Ein Vogelnest liegt auf der Erde. Ausgebraucht. Wir staunen darüber, was für eine sorgfältige Arbeit ein kleiner Vogel geleistet hat, nur um ein paar Eier auszubrüten. In einen Teich werfen wir einen Stein und schauen zu, wie die Ringe von dem Punkt aus, an dem der Stein ins Wasser fiel, sich ausbreiten. Und noch einmal. Und noch einmal. Vor einem frischen Baumstumpf setzen wir uns auf die Erde und fahren mit dem Finger seine Jahresringe nach. Jahr um Jahr. Die Ringe aus dem regenreichen Jahr sind breit, aus dem trockenen schmal. Der Baum war klein, wurde groß und immer größer.

Am Himmel sind kleine Sommermorgenwolken, und wir sehen geduldig zu, wie sie sich allmählich auflösen. Einem Echo an einem Waldrand oder in einem Höhleneingang horchen wir nach oder, wenn wir eine der großen Muscheln zu Hause haben, dem Meeresrauschen, das in Wirklichkeit das Geräusch unseres eigenen Blutes ist. Sein Echo.

Oder wir tun etwas ganz Anderes: Wir stellen ein großes Bild auf den Fußboden und hocken uns davor. Und dann wandern wir mit den Augen von einem zum andern, das das Bild zeigt. Die Mutter oder der Vater beschreiben ganz ruhig, was sie sehen, vielleicht am Bildrand beginnend bis zur Mitte hin. Das ist schon eine echte Meditationsübung. Oder wir hören eine Melodie, vielleicht mit einem kleinen Xylophon, und zeichnen ihren Gang mit unseren Händen im Raum nach. Oder lassen uns von ihr durch den Raum führen. Vielleicht auch von unserem Atem, so, dass wir beim Einatmen stehen und beim Ausatmen einige Schritte gehen.

Oder wir setzen uns auf den Fußboden um eine Kerze. Und vielleicht schließen wir die Augen halb. Dann entsteht ein Feuerwerk von Strahlen, und die Strahlen ändern sich, wenn ich den Kopf bewege. Oder man erzählt vor der Kerze eine Geschichte. Oder man stellt ein Duftlämpchen vor sich und das Kind. Man wird staunen, wie willig und wie gerne Kinder solche Spiele mitmachen. Und es kann unzählige Gelegenheiten geben, an irgendeinem Gegenstand das sorgfältige Zufassen zu üben oder das wortlose Gegenwärtigsein. Und vielleicht spüren wir mit unserem Kind zusammen, wie ein Friede sich einstellt, wie etwas großes Anderes sich kundtut. Wie eine Wirklichkeit sich öffnet, die anders und größer, die heiliger ist als alles, was wir sind und was wir sehen.

Das alles ist auch eine Vorübung zum Beten. Wer sagt denn, dass man beim Beten immer reden muss? Es kann im Gegenteil dem Gebet sehr hinderlich sein, wenn man sich immer etwas ausdenken muss, was man sagen will, und wenn man es noch in einen deutschen Satz fassen muss, von dem dann ein anderer urteilt, er habe grammatikalisch nicht gestimmt. Man wird sich dann Gott nie ganz und ungeteilt zuwenden können. Wenn wir selbst persönlich beten, dann tun wir das jedes für sich in der Stille.

Wer mit dem Beten ein wenig Erfahrung hat, wird immer auch schweigend beten, horchend, schauend. Er wird einfach vor Gott anwesend sein, ohne etwas von ihm zu wollen oder ihm mitzuteilen. Denn Gott sieht, was geschieht, und braucht keine Information. Der Betende wird vor Augen haben, was ihm im Augenblick wichtig ist, wird es bedenken und es Gott gleichsam in der offenen Hand hinhalten. Er wird warten, ob ihm irgendetwas zugesprochen wird, ob er zu irgendeiner Klarheit kommt, und wird sich dem Kommen des Geistes Gottes öffnen. Und das bedeutet, dass alle die meditierenden Versuche, die wir mit Kindern unternehmen, nicht nur Vorübungen für das Beten sind – das sind sie auch –, sondern auch die Erlaubnis geben, später immer darauf zu vertrauen, dass es viele Wege und Weisen gibt, zu beten und dass alle dem offen stehen, dem es mit dem Beten ernst ist.

Gut aber ist es immer, wenn wir uns aus einer Weile des Stillseins mit einem Vers verabschieden, der uns und dem Kind vertraut ist.

Die Moslemfamilie von nebenan verstehen

Die Welt, in der unsere Kinder heute aufwachsen, ist größer als die unserer eigenen Kindheit gewesen ist. Sie reicht mit dem türkischen Jungen von nebenan bis in die Türkei, mit dem schwarzen Nachbarkind über alle Grenzen von Völkern und Rassen, mit der afghanischen Flüchtlingsfamilie in Krieg und Elend eines sehr weit entfernten Landes. Es ist wichtig, dass unsere Kinder von allem Anfang an lernen, über die eigenen Grenzen, die eigenen Besonderheiten und die eigenen Interessen hinauszusehen und dem Fremden und ganz Anderen gegenüber offen zu sein.

Nun hat aber die Nachbarfamilie eine ganz andere Religion als unsere eigene. Statt der Bibel hat sie den Koran, statt der Kirche eine Moschee, und statt unserer Feste ganz andere. Diese fremde Religion aber gilt es nicht zu bekämpfen oder einzudämmen, sondern zu kennen, zu verstehen, zu respektieren, und das heißt: den Menschen, die ihr angehören, Raum zu geben, damit sie so leben können, wie ihre Religion es ihnen vorschreibt, und uns in Freundschaft mit ihnen auszutauschen.

Das kann so geschehen, dass wir Worte, die uns von diesen anderen Religionen etwas sagen wollen, miteinander hören und über sie nachdenken.

Wenn zum Beispiel das Kind einen Western gesehen hat, in dem Indianer vorkamen, können wir ihm zeigen, dass die Indianer nicht nur reiten und schießen können, sondern auch schöne und friedliche Gedanken haben. Zum Beispiel singen die Mütter dort ein Wiegenlied:

Die Erde ist deine Mutter,
sie umfängt dich.
Der Himmel ist dein Vater,
er beschützt dich.
Schlafe,
schlafe.

Regenbogen ist deine Schwester,
sie liebt dich.
Die Winde sind deine Brüder,
sie singen für dich.
Schlafe,
schlafe.

Wir sind immer beieinander.
Wir sind immer beieinander.
Es gab niemals eine Zeit,
als es nicht so war.

Leslie M. Silko (*1948), Pueblo,

Wenn wir beim türkischen Gemüsehändler eingekauft haben, können wir abends mit dem Moslem Husein ibn Ali so sprechen:

O Gott!
Mit dir will ich sprechen, dich will ich rühmen,
wenn die Nacht kommt
und wenn der Tag hell wird.

So viele Lieder will ich dir singen,
wie Sterne sind am Himmel,
so viele, wie du Regentropfen auf die Erde sendest.
So viele, wie Bäume sind und Blätter,
Menschen und Vögel, Löwen und Schmetterlinge.

Alles Leben auf der Erde und unter der Erde,
in der Luft und im Himmel rühmt dich.

Oder wir hören aus dem Koran:

Gott hat euch die Erde als Wohnung gegeben
und den Himmel zu einem Dach.
Er hat euch schön gestaltet
und euch mit allem Guten versorgt.
Darum dankt Gott, dem Herrn der Welt.
Er ist der Lebendige. Kein Gott ist außer ihm.
Rühmt ihn, der über aller Welt ist.

Wenn wir eine Aussiedlerfamilie aus Russland kennen gelernt haben, dann können wir einmal zu Tisch das Gebet
sprechen, mit dem die russischen Bauern das Säen des
Getreides begleitet haben:

Gott, gestalte und vermehre.
Lass gedeihen, dass es reiche für alle,
für den Hungernden und den Verwaisten,
für den Begehrenden, für den Bittenden
für den, der es stiehlt, für den, der dankt,
und für den, der undankbar davongeht.

Wenn wir beim Einkaufen eine Frau im Sari gesehen haben, dann können wir erzählen, dass auch die Inder über
Gott nachdenken. So hat eine indische Frau, eine einfache
Hausfrau, gesagt:

Aus Gott mache ich Speise und Trank.
Gott ist das Bett, auf dem ich liege.
Was immer ich nehme, es ist Gott.
Was immer ich gebe, es ist Gott.
Eins bin ich mit Gott an jedem Tag.
Denn Gott ist hier, und Gott ist da.
Kein Platz, an dem Gott nicht wäre.

Besonders schön sind viele indianische Texte. Aus Peru haben wir ein Morgengebet:

Die Morgenröte kleidet sich in ihr Lichtgewand.
Sie will Ehre erweisen dem Schöpfer der Menschen.

Der Himmel legt die Decke seiner Wolken von sich.
Er beugt sich vor dem Schöpfer der Menschen.

Die Sonne, die Königin unter den Sternen,
breitet ihre Strahlen aus wie goldenes Haar.

Der Wind streichelt die Wipfel der Bäume,
wir hören ihn reden in den Zweigen.

In den Bäumen singen die Vögel,
bringen ihr Lied dar dem Herrn der Erde.

Die Blumen breiten ihre Farben aus
und ihren Duft. Es ist herrlich, sie zu sehen.

So rühmt auch mein Herz dich, meinen Vater,
bei jeder Morgenröte aufs Neue. Dich,
    meinen Schöpfer!

Wenn Sie an irgendeiner Stelle meinen, das sei auch für einen Sechsjährigen noch nicht einfach genug, dann steht Ihnen völlig frei, mit Ihren eigenen Worten die eine oder andere Zeile zu ersetzen, ohne dass Sie damit das indianische Original verletzten.

Wir können uns auch vorstellen, wie eine indianische Frau aus dem Dorf hinausgeht und sich draußen auf einem Feld auf die Erde setzt und sich fragt – sie heißt übrigens Chiparopai:

Woher wüssten wir, wie wir leben sollen,
wenn wir nicht an etwas glaubten,
das größer ist als wir?
Wer würde uns lehren zu leben?

Wer sagt dem Baum, wann die Zeit kommt,
seine kleinen Blätter auszutreiben?
Wer sagt den Drosseln, dass es warm geworden ist
und sie wieder nach Norden fliegen können?
Vögel und Bäume hören auf etwas,
das weiser ist als sie.
Von sich aus würden sie es niemals wissen.

Oft sitze ich allein in der Wüste
    und schaue die Lilien an
und all die hübschen kleinen rosa Blüten
    und frage mich:
»Wer hat euch gesagt, dass es Frühling ist
und dass ihr blühen sollt?«
Und ich denke und denke nach,
und immer komme ich auf dieselbe Antwort:
Das, was größer ist als wir,
lehrt alle Lebewesen, was sie tun sollen.
Wir sind wie die Blumen. Wir leben und wir sterben,
und aus uns selbst heraus wissen wir nichts.
Aber das, was größer ist als wir,
zeigt uns, wie wir leben sollen.

Oder wir hören, wie unter den Azteken ein Sänger im
Gottesdienst die Stimme erhebt:

Einen fröhlichen Gesang sende ich zum Himmel
wie eine goldene Trompete.
Ein Lied singe ich mit meinem Munde
wie ein Maisblütenvogel.
Wie grünes Edelgestein, das in der Sonne glänzt,
lasse ich meinen Gesang blühen.
Wie ein Opfer von Blumen lasse ich ihn steigen,
und wie sie will ich, der Sänger,
vor dem Allgegenwärtigen herrliche Düfte verbreiten.

Oder wir sprechen das Gebet eines anderen Indianers mit:

Vater, Schöpfer der Welt,
von Kräutern duftende Täler erzählen mir von dir.
Das Echo der Taubenrufe wiederholt deinen Namen.
Ich spüre deine Gegenwart, meine Stimme dankt dir.
Vogel, Insekt, Fels und Baum beten mit mir.
Danke Vater!

Viele weitere Texte dieser Art enthält das Buch »Unter dem großen Bogen«. Und viele wichtige Gespräche werden sich an Ihre Betrachtung anschließen können.

Mit der Bibel leben

Die Bibel ist die Quelle unseres Glaubens

Wenn wir uns mühen, Christen zu sein, wie gut immer es uns gelingen mag, so wird eine zentrale Rolle die Bibel spielen. Wenn wir unser Kind auf christliche Weise erziehen wollen, wird wichtig sein, was wir dabei mit der Bibel anfangen. Wenn es darum geht, zu verstehen, was mit unserem Menschenleben auf dieser Erde beabsichtigt und was mit ihm anzufangen sei, so werden wir in ihr nachfragen. Wenn wir uns dafür interessieren, was für ein Menschenbild als Zielbild vor uns und unserem Kind steht, werden wir die Äußerungen hören, die aus jener sehr alten Zeit zu uns herüberklingen. Und was uns eine Kirche heute sagt, muss sich an der Bibel prüfen lassen.

Wenn wir heute Kindern biblische Geschichten erzählen, dann liegt darin keine pädagogische Routineaufgabe. Wir tun es nicht einfach, weil wir ihnen ja irgendetwas erzählen müssen. Wir korrigieren vielmehr zum notwendigen frühen Zeitpunkt das Bild, das die Kinder von sich und der Welt haben, weil und soweit es ein Bild ist, aus dem Angst erwächst. Das heißt in der Sprache der christlichen Tradition gesprochen: Wir sagen ihnen das Evangelium. Wir geben ihnen das große Ja weiter, das Gott ihnen, diesen Kindern, und ihrer Welt zuspricht.

In den inneren und äußeren Lebenswegen eines Abraham, einer Rebekka, eines Josef in Ägypten sind uns Modelle gegeben, in denen die Wahrheit auch unseres Daseins sehr rasch sichtbar wird. Und das geht hin bis zur Lebensgeschichte Jesu in Galiläa und Jerusalem, die ja das Muster ist für einen einzigen Meditationsweg, den mitzugehen und sich sozusagen einzuverleiben für Kinder, Jugendliche und Erwachsene bis hin zu den Alten oder den Todkranken die eigentliche Hilfe ist, einen Weg und ein Ziel zu finden.

Erzähle ich biblische Geschichten, dann zeige ich eine Welt, die von einem verborgenen, aber vertrauenswürdigen Willen zu ihrem Ziel geführt wird, so, wie ich selbst, der Mensch, auch.

Unsere Generation ist wie kaum eine vorher gelähmt von der Angst vor Leid und Schmerz, Entbehrung und Frustration. Es ist bei uns selbstverständlich, dass jeder Anspruch hat auf Glück. Es gehört zu den Grundrechten, die das Dasein zu gewährleisten hat. Man muss etwas vom Leben haben, man hat Anspruch auf seinen Teil an Glanz und Erfolg und an den Früchten des Fortschritts. Auf der Vorderseite haben wir gleichsam die Vorstellung vom glücklichen, gesunden, ewig jungen, ewig erfolgreichen, leistungs- und genussstarken Menschen. Auf der Rückseite toben sich die Vorwürfe gegen den Gott aus, der das Glück vorenthält. Auf der Rückseite der Märchenwelt vom Glück breitet sich die Drogenszene aus, auf der endlich verwirklicht werden soll, was die Wirklichkeit immer nur verspricht und nie erfüllt: nämlich das endgültige, das mit göttlichem Recht zustehende Glück.

Wir leben auf diesem Gebiet in einer kranken Gesellschaft. Wenn wir unseren Kindern zum Leben helfen wollen, zu nüchternen Erwartungen und zum unbefangenen Umgang mit den Segnungen dieser Zeit, müssen wir dem Traum vom Glück die Realität von Glück und Unheil, von Genießen und Verzichten, von Wachsen und Untergehen entgegenstellen, so klar, wie die Bibel dies tut. Die Einübung in die dunkle Seite des Lebens, die der Erwachsene heute dringend nötig hat, sollte durchaus schon bei den Kindern beginnen, jene Einübung ins Annehmen und Bejahen von Leid, die wir in der Geschichte Jesu von Nazaret vorgezeichnet finden.

Die Geschichten der Bibel sind ja keine Nachrichten im heutigen Sinn, die so begriffen werden sollen, wie sie reden. Sie sind Bekenntnisse von Menschen, sie sind Deutungen, sie sind Äußerungen eines Glaubens.

Ein Mensch in der Bibel ist in einer bestimmten Notlage. Nun erinnert er sich, dass ihm seine Vorfahren eine Geschichte erzählt haben, in der ein Anderer aus einer Notlage derselben Art gerettet wurde. Und nun wächst ihm aus der alten Geschichte die Hoffnung zu, Gott möge ihn ähnlich retten, bewahren, führen. Er erzählt die alte Geschichte als ein Bekenntnis für seinen Tag und seine Not. Die ganze Bibel ist eine solche Kette von Bekenntnissen.

Als die Israeliten in der Sklaverei am Euphrat lebten, im 6. Jahrhundert vor Christus, da schrieb einer von ihnen die Geschichte nieder, die erzählt, wie Mose im 13. Jahrhundert sein versklavtes Volk aus Ägypten führte, in die Freiheit der Wüste und schließlich des eigenen Landes. Wir verstehen die Geschichte von Mose nicht, wenn wir sie nicht als ein Glaubensbekenntnis jener späten Zeit lesen, als eine Wiederholung einer alten Erinnerung in einer notvollen Gegenwart, das heißt als Bekenntnis.

Als dasselbe Volk am Ende aller seiner Träume und Hoffnungen war, als sozusagen das Ende der Welt vor ihnen stand, und das Gottesbild der Nachkommen von Abraham, Isaak und Jakob in der Götterwelt des Vorderen Orients unterzugehen drohte, erzählte es sich selbst und anderen die Geschichte von der Schöpfung, von jenem Gott, der diese Welt schuf und sie in der Hand hält. Die Schöpfungsgeschichte der Bibel ist ein Bekenntnis, mit dem dieses Volk seiner Angst vor der Zukunft entgegentrat.

Es ist einem Kind durchaus begreiflich, dass ein Mensch, der in Not ist, sich erinnert, und nun auf der Grundlage einer früheren Erfahrung sich darauf verlässt, dass da ein

Gott ist, der ihn führt. Und dass er sein Bekenntnis in eine Geschichte fasst.

Die Bibel ist eine Sammlung von Büchern, die innerhalb eines Zeitraums von ca. tausend Jahren geschrieben wurden. Sie besteht aus siebzig Schriften, die von rund hundert Verfassern stammen. Es sind Menschen, denen irgendetwas von Gott her widerfahren ist, die irgendetwas mit ihm erlebt haben, denen Gott half oder widerstand, denen irgendeine Wahrheit aufging, und was sie schrieben, war ihre Antwort. Die Bibel also ist nicht fertig gedruckt und gebunden vom Himmel gefallen. Sie ist das Werk von Menschen, denen ihre Erfahrung so wichtig war, dass sie sie niederschrieben. Sie erzählten also, sie berichteten. Oder sie schrieben Gedichte und Lieder, in denen sie Gott rühmten, oder Texte, mit denen sie ihn angriffen oder fragten oder ihm Vorwürfe machten oder ihm dankten. Sie schrieben die Reden auf, die sie in bestimmten Situationen an ihr Volk hielten, oder die Gebete, in denen sie Klarheit suchten, oder die politischen Vorgänge ihrer Zeit und die Aufträge, die sie zu ihrer Zeit zu erfüllen hatten. Und insgesamt erzählten sie von ihrem Volk und davon, in welchen Situationen dieses Volk mit Gott zu tun bekam und was es danach tat zu seinem Heil oder seinem Unheil. In ihren Augen war die Geschichte Israels ein einziges Gespräch mit dem Gott, der ihnen nahe und der ihnen zugetan war.

Die Bibel hat zwei große Teile. Der erste Teil berichtet aus der Zeit von der Mitte des zweiten Jahrtausends vor Christus an bis kurz vor Jesus. Der zweite, das sogenannte Neue Testament, handelt von Jesus.

Für unsere Kinder ist die Tatsache hilfreich, dass die Bibel kein Lehrbuch ist, sondern ein Geschichtenbuch. Zunächst ist ja Gott sehr fern in seiner Unsichtbarkeit.

*Zum Einschlafen lesen Sie den Kleinen am besten eine
freundliche und entspannende Geschichte vor.*

Und wenn wir zu ihm beten, dann kommt er in den inneren Raum unseres Nachdenkens und unserer Gefühle. Wenn aber von Gott in Geschichten erzählt wird, dann tritt Gott aus seinem verborgenen Hintergrund heraus in das pralle Leben. Er handelt und spricht, und die Menschen bekommen mit ihm zu tun in der Praxis ihres Alltags. Sie stehen in ihrem Vertrauen zu ihm oder streiten mit ihm, und es entsteht etwas wie die Bühne in einem Theater. Die Menschen und Gott gehen miteinander um, handeln gegeneinander oder miteinander. Es kommt heraus, was Gott wirklich will und was er nicht will, was er beabsichtigt oder verhindert und wie der Mensch auf ihn reagiert.

Dabei kommt Gott nicht so vor, dass er beschrieben und charakterisiert und vorgezeigt wird, sondern so, wie ihn ein Mensch erfahren hat, als er mit irgendetwas beschäftigt war, von irgendetwas bedroht oder begeistert.

Die Bibel redet darum nicht von einem großen Denkmal genannt »Gott«, sondern vom »Lebendigen«, wie sie sich ausdrückt, dem immer wieder anders Gesehenen, anders Wirkenden. Und es geht ihr darum, zu zeigen, wie das Menschenleben, wenn es mit Gott zu tun bekommt, gelingen oder scheitern kann. Die ganze Fülle menschlichen Lebens und menschlicher Lebenserfahrungen spielt um das lebendige Bild, das die Bibel von Gott zeichnet.

Die Bibel ist eine Fundgrube
für das Geschichtenalter

Sie ist voller kurzer Geschichten, auch voll von regelrechten Kriminalgeschichten. Der kleine Adrian berichtet mit Entrüstung:»Jesus hat einen Esel gestohlen und ist in einen fremden Garten gestiegen. Da hat man ihn verhaftet und umgebracht.«

Wann das Geschichtenalter beginnt, das mag bei verschiedenen Kindern sehr verschieden sein, aber vom dritten Jahr an werden Geschichten wichtig. Gewiss erzählen Sie Ihrem Kind, wenn es dieses Alter erreicht hat, abends beim Zubettgehen noch irgendeine Gutenachtgeschichte. Ein Märchen vielleicht oder etwas, das Ihnen selbst eingefallen ist. Zwischen Tag und Nacht ist die richtige Stunde, um der Phantasie bunte Gestalten in den spannendsten Abenteuern vorzuführen. Dazu möchten wir nur bemerken, dass wir es ganz allgemein wichtig finden, dass Kinder durch solche Geschichten den Mut finden, sich auch mit fremden, grauslichen und gefährlichen Fabelwesen einzulassen, während die Mutter oder der Vater erzählen. Denn im Arm der Mutter kann ja nichts in der Welt wirklich gefährlich werden, und kein Wolf und kein wilder Mann aus dem Wald kann einem auf den Knien des Vaters etwas tun. Und wenn Sie meinen, Sie seien kein Erzähltalent, dann probieren Sie es immer wieder: Man liest eine Geschichte dreimal. Man erzählt sie sich selbst während der Hausarbeit und schaut immer wieder ins Buch, ob man auch alles richtig gebracht hat, und zuletzt macht man dem Kind im Bettchen zehn kurzweilige Minuten vor dem Gutenachtsagen. Man hat den Vorteil, dass man diese einmal gelernte Geschichte zehn- oder zwanzigmal oder öfter wiederholen kann. Das gilt auch für Geschichten aus der Bibel. Schon im Kindergarten kommt es vor, dass den Kindern biblische Geschichten erzählt werden. Das ist nicht zufällig. Die Geschichten des Alten Testaments eignen sich zum Teil hervorragend für dieses Alter. Viele sind Jahrhunderte lang an den Feuern von Nomadenvölkern erzählt worden, ehe man sie aufgeschrieben hat. Sie zeigen die Anschaulichkeit der alten Erzählkunst, die auch unsere Märchen geprägt hat. Sie sind farbig und dramatisch und prall mit Leben gefüllt. Man braucht sie nicht zu verändern. Man braucht sie kaum auszuschmücken, um sie spannend zu machen: die Geschichten von Abraham oder Jakob oder Josef oder David.

Vielleicht sagen Sie: Ich kenne sie ja selbst nicht! Ich kann sie doch nicht erzählen! Aber vielleicht versuchen Sie es doch? Es gibt einige neue Übersetzungen der Bibel, die Ihnen helfen, unmittelbar zu verstehen, was Sie lesen. Die Bibel ist nicht so kindlich, dass sie nur ein Kinderbuch wäre, und sie ist nicht so streng und schwer, dass die Kinder nichts mit ihr anfangen könnten. Sie hat Raum für die Welt des Kindes und für das kritische Nachdenken des Erwachsenen und bindet so das ganze Leben zusammen.

Eine solche Geschichte ist wie die Bühne eines Schauspiels. Aber die Szenerie braucht nicht gemalt zu werden, das Kind erfindet sie selbst. Die Figuren braucht man nicht auf einem Bild vorzuführen, das Kind sieht sie selbst plastisch und farbig vor sich. Und wenn Sie ins Schleudern kommen, weil Sie nicht mehr wissen, wie Sie das Spiel beim ersten Erzählen ausgemalt haben, so kann doch gelten, obwohl es natürlich wichtig ist, eine Geschichte immer genau gleich zu erzählen, dass es im Detail auch wieder kein Unglück ist, wenn David das eine Mal drei, das andere Mal zehn Steine in seiner Hirtentasche hat. Hauptsache: Es ist klar, dass er mit dem gewaltigen Riesen Goliath fertig wurde, weil Gott ihm half.

Welche Geschichten der Bibel eignen sich?

Unter den zweihundert oder dreihundert Geschichten, die sich aus dem Stoff der Bibel herauslösen und einzeln erzählen lassen, ist natürlich sehr vieles, das für Kinder ungeeignet ist. Wir werden, was wir brauchen, im großen und ganzen in zwei Teilen der Bibel finden: Am Anfang des Alten Testaments, von der Schöpfungsgeschichte an bis zu David und Saul, und am Anfang des Neuen Testaments, in den Evangelien, wo die Geschichten über Jesus stehen.

Die Schöpfungsgeschichte am Anfang der Bibel ist eigentlich keine Einzelgeschichte, sondern ein Gedankenspiel, das die Mutter mit ihrem Kind an unzähligen Entdeckungen und Erfahrungen treiben kann. Der Mond und die Sterne sind etwas zum Staunen. Die hat Gott geschaffen. Die Bäume sind etwas Wunderbares oder das weiche Fell der Katze. Man nimmt es miteinander staunend wahr, und das Staunen ist der Anfang des Glaubens. Nicht nur bei Kindern. Wer alles selbstverständlich findet, wird sich aus einem Gott, der alles geschaffen hat, nichts machen. Auch die Hände, die so viel können, sind von Gott geschaffen, die Augen, mit denen man alles sieht, und die Ohren, mit denen man alles hört. Im Grunde ist dieses Thema unerschöpflich, und es ist nur wichtig, dass man, wenn man vom Schaffen und Wirken Gottes spricht, immer mitbedenkt, durch welches sichtbare Mittel er dies und jenes macht. Sie erinnern sich: dass Tag und Nacht sind, das macht er nicht durch Zauberei, sondern durch die Drehung der Erde. Das kann jedes Kind verstehen, dem man die Wirkung Gottes im natürlichen Zusammenhang erklärt. Dass die Blumen wachsen, das macht er durch die Erde und das Wasser und die Sonne. Dass man

Gott und das Mittel, durch das er wirkt, unterscheidet, ist für die Kinder dieses wissenschaftlichen Zeitalters, in dem man meint, durch das Naturgesetz sei Gott überflüssig geworden, wichtig.

Es gibt aber auch Geschichten, an denen Kinder lang und schwer tragen können. Das Märchen endet ja so gut wie immer mit dem Sieg des Guten über das Schreckliche. In der Bibel gibt es aber viele Erzählungen, die tragisch oder katastrophal enden. Die Sündenfallgeschichte mit der Vertreibung aus dem Paradies kann ein Kind schwer treffen. Es braucht nur innerlich eben dabei zu sein, einen leidvollen und konfliktreichen Abschied von seiner Prinzen- oder Prinzessinnenrolle zu erleben – wenn etwa gerade das Brüderchen gekommen ist –, und schon weiß kein Mensch mehr, was für ein Bild von Gott dabei entsteht und wie das Kind eventuell sogar selbst sein Schicksal mit seiner »Schuld« verknäult. Dass Jesus kam, um uns das Paradies wieder zu öffnen, wie das Weihnachtslied sagt, ist von der Vertreibung aus dem Paradies zu weit entfernt, als dass es dem Kind in dieser Sache helfen könnte.

Die Geschichte von der Sintflut endet zwar mit der Rettung des Noah, aber das gründlich denkende Kind sieht alle die unzähligen Menschen und die vielen, vielen Tiere, die im Wasser umkommen und denen die Arche, die oben schwimmt, nichts hilft. Für sie alle kommt einfach ein ganz schreckliches und eigentlich nicht gerechtes Ende. Wenn doch Gott auch die bösen Menschen liebt? Wir würden also Sündenfall und Sintflut erst ab etwa sechs Jahren erzählen, denn dem Sechsjährigen können wir mehr dazu erklären. (Zum Beispiel dies, dass so viel Schreckliches in der Welt geschieht, dass wir nie darauf kämen, an Gottes Liebe zu glauben, wenn Jesus uns nicht von ihr gesagt hätte.) Für Vierjährige ungeeignet ist auch Kains Brudermord, nicht weil es ein Mord, sondern weil es ein Mord in der Familie ist. Ein Mord ist ja auch im

Fernsehen nicht das, was ein Kind am gefährlichsten trifft. Ein Streit zwischen den Eltern im Film kann, wie schon gesagt, tiefer verwunden und verängstigen als eine ganze Ranch voller Leichen. Mit Kain würden wir bis zum Schulbeginn warten.

Für ganz ungeeignet halten wir die Geschichte, in der Gott dem Abraham gebietet, seinen einzigen Sohn zu schlachten, in der Abraham also einen Altar baut und ein Feuer macht, den Sohn fesselt und auf den Altar legt und gerade das Messer fasst, als ein Engel Gottes Einhalt gebietet und ihm befiehlt, statt des Isaak einen Widder zu opfern. Diese Geschichte, deren Sinn ist, dem Menschenopfer in der alten Welt ein Ende zu machen, ist für das Alte Testament von hoher Wichtigkeit, aber sie ist ungeeignet für Kinder unter sieben oder acht Jahren. Das Kind identifiziert sich nicht mit Abraham, der den Beweis seines Glaubens antreten soll (so erzählt man aber landauf – landab, als ob dies der Punkt wäre, an dem das Kind sich betroffen fühlte!). Es identifiziert sich ja mit dem Kind, mit Isaak, und erlebt den grausigen Tatbestand, dass da ein Vater fähig wäre, sein eigenes Kind zu schlachten, nur weil ein schrecklicher Gott es ihm befiehlt. Dass es großartig sei, wie Abraham über sein eigenes Leid hinweg Gott gehorcht habe, wie man die Geschichte auszulegen pflegt, tröstet kein Kind. Es ist jedenfalls ein Vater, dem eine Forderung von Gott wichtiger ist als sein Kind. Und was für ein Gottesbild dabei entsteht, ist ganz offen.

Die Geschichte hinterlässt, wie die Seelsorge an Erwachsenen zeigt, in unzähligen Kindern lebenslange Verwundungen. Sie gehört frühestens ins 8. oder 9. Jahr, und zwar in die Schule, in der sie erklärt und in ihren Zusammenhang eingefügt werden kann.

Will man diese Erfahrungen in eine Regel fassen, so mag man sagen: Wir erzählen den Vier- bis Siebenjährigen keine Geschichten, die Angst erwecken oder Kummer bereiten, wenn nicht innerhalb derselben Geschichte auch die Befreiung von Angst und Kummer erfolgt, und vermeiden alle diejenigen sorgfältig, die in ihrem Gewicht und Ernst die Tragkraft eines Kindes übersteigen.

Für Kinder dieses Alters eignen sich hingegen alle Geschichten, in denen ein Mensch am Ende seinen Weg findet, auch wenn es unter traurigen Umständen geschieht. Geschichten, in denen er behütet wird, in denen einer ihn tröstet oder in denen am Ende Lohn und Strafe verteilt werden, – freilich muss der Lohn ein Lohn für Liebe und nicht für einen Kraftakt sein, und die Strafe eine Strafe für Lieblosigkeit und nicht für Unmoral.

So ist die Josefsgeschichte ein Musterbeispiel für eine ausführliche, für Kinder aller Altersstufen geeignete Erzählung, in der alles vorkommt, was Kinder mit ihren Eltern und Geschwistern beschäftigt, ihr Sinn für Verlassenheit und Ungerechtigkeit, für Gefahr und Bewahrung und eine große, bunte Welt von aufregenden Personen und Ereignissen. Ein Kind findet seinen Weg, weil Gott im Hintergrund auf verborgene Weise seine Hand im Spiel hat, und alles kommt zum guten Ende, die Menschen lernen umdenken und verzeihen und wieder miteinander anfangen. Man braucht nichts hinzuzuerfinden, damit es farbig und spannend wird, die Geschichte hat alles in sich. Sie ist eines der großen Werke einer alten und reifen Erzählkunst. In 1. Mose 37–50 ist sie nachzulesen.

Ähnlich gut eignet sich die Geschichte von Rut, wenn man den letzten Teil kürzt, und alle die vielen anderen Beispiele von Liebe und Treue, von Zuverlässigkeit und Wahrhaftigkeit, von Opferbereitschaft und Hingabefähigkeit, von Ehrfurcht und Glauben. Denn sie zeigen mehr als nur die Qualitäten eines Menschen: nämlich, wie sich in solchen Zeichen von Güte und Zuverlässigkeit die Zuverlässigkeit Gottes spiegelt.

So eignet sich die wunderschöne Geschichte von der Brautsuche des Elieser (1. Mose 24) zu einem behaglichen, ausgiebigen Erzählen. An ihr kann man übrigens auch studieren, wie man ganze Geschichten innerhalb derselben Erzählung wiederholen kann, ohne dass es langweilt, im Gegenteil, so, dass alles dichter und stärker dabei wird. Und hierher gehören auch die Geschichten aus der Jugend Davids in den Samuelbüchern, während wir die Richtergeschichten oder den Auszug aus Ägypten mit den Ereignissen am Sinai wieder für die Schule aufsparen würden.

Selbstverständlich gehört die Weihnachtsgeschichte zur Advents- und Weihnachtszeit. Wir meinen, man solle sich an die nach Lukas 1–2 halten und dann aus Matthäus 1–2 noch die Anbetung der Könige bringen. Das Kind Jesus, das auf den Armen seiner Mutter sitzt oder vor ihr in der Krippe liegt, ist für Kinder unmittelbar lebendig und gegenwärtig.

Aber die Geburtsgeschichte genügt nicht. Jesus ist nicht das Kind, sondern der Meister, der Arzt, der große Bruder, der Helfer und Kämpfer, der Anwalt der Armen. Wir fügen all die vielen Geschichten an, in denen Jesus sich um Menschen kümmert, sie heilt, ihnen hilft, ihnen ihre Schuld erlässt und für sie eintritt. Die Geschichte vom barmherzigen Samariter versteht jedes Kind, und der »verlorene Sohn« oder die Begegnung mit Zachäus sind ein Grundbestand in allen Altersstufen.

An dieser Stelle möchten wir auch an die Passionsgeschichte erinnern. Denn selbstverständlich gehört die Leidensgeschichte Jesu zu dem Gesamtbild, das wir den Kindern zeigen: zum Bild von dem Jesus, der den Armen geholfen und die Kranken geheilt hat und der schließlich selbst im Kampf gegen alles Bedrohliche und Böse um seiner Liebe zu uns willen gestorben ist. Erzählen wir die Passion aber einem Fünfjährigen, dann wird es gut sein, sie so knapp wie möglich und an einem Stück zu erzählen, so dass der Bericht nicht mitten in der Geschichte unterbrochen wird, sondern bis Ostern, zu der großen Überwindung des Todes, reicht.

Kinder in die Freiheit führen

Das Ziel ist der freie, selbstständige Mensch und seine Liebesfähigkeit

Wir reden hier von »Erziehung«. Wohin wollen wir denn unsere Kinder ziehen? Was soll aus ihnen geworden sein, wenn wir mit unserer Erziehung zu Ende sind? Wenn Sie in Ihrem Garten Salat ziehen, dann hilft ja das Ziehen nichts. Er muss selbst wachsen. Und er wird am Ende ein Salatkopf sein. Ihr Kind aber hat die Freiheit, seine eigenen Wege zu gehen. Es kann so leben, dass seine guten Fähigkeiten zu wirklichen Kräften werden, oder so, dass es sie verkümmern lässt. Es braucht eine Erziehung. Die wird sein Verhalten so zu steuern suchen, dass es seinem Wohl dient, dass es seinen Weg ebnet, dass es dem Leben der Gemeinschaft, in der es steht, dient. Wir nennen das Sozialisation. Das Kind soll ein soziales Wesen werden, das heißt, es soll sich einfügen lernen in die Ordnungen, die in seiner Gemeinschaft gelten, und soll zugleich ein freier und unabhängiger Mensch werden.

Nun hat Gott aber die Kinder nicht als Nippesfiguren geschaffen, mit denen man sein Leben dekoriert, sondern als kleine Eroberer. Er hat sie so gemacht, dass sie alles prüfen und kennen lernen müssen, etwa wie sicher die Blumenvase steht, wie heiß das Bügeleisen ist und wie tief der Schlamm im Garten. Wenn das Kind den elektrischen Schalter hundertmal aus- und angeschaltet hat, ist es um eine Erkenntnis reicher. Dabei aber trifft es auf einen seltsamen Ärger von Vater oder Mutter. Darf man denn ein Blatt Papier, das auf dem Schreibtisch des Vaters liegt, nicht zerreißen? Darf man ein Buch nicht in den Papierkorb werfen? Die Eltern werden zum ewigen Hindernis auf der Straße der Entdeckungen.

Der kleine Thomas spielte im Kinderheim mit dem Besen. Er stieß mit dem Stiel gegen die Scheibe, und die Scheibe splitterte. Die Heimleiterin bekam es mit dem Schrecken. Thomas auch, und es folgte die dringende Mahnung, den Besen künftig stehen zu lassen. Thomas versprach es. Aber am Abend, als er allein im Raum war und noch immer die kaputte Scheibe vor sich hatte, holte er den Besen doch wieder und stieß ganz leicht gegen das andere Fenster, das noch heil war. Dann immer stärker und schließlich so stark, dass es zersprang. Großer Schrecken auf allen Seiten. Was mochte mit dem Kind los sein? Aber Thomas hatte genau das Richtige getan. Ihm war etwas anscheinend Stabiles an seiner Welt plötzlich in die Brüche gegangen. Wenn man das künftig vermeiden wollte, musste man wissen, wie viel eine solche Scheibe aushielt. Also musste man es ausprobieren. Die Arbeit an der zweiten Scheibe war ein Akt gegen alle Ermahnungen und doch ein richtiger, sinnvoller Versuch eines kleinen selbstständigen Menschen, der dem Gesetz des Prüfens und Erforschens gehorchte, das sein Lebensalter bestimmte. Was hätte es für einen Sinn gehabt, ihn zu strafen? Die Leiterin war klug. Sie zeigte ihm die Scherben und zerbrach ein paar davon an einer Steinstufe:»Siehst du, so viel halten sie aus! Und das halten sie nicht aus.«

Und was hätte es schließlich für einen Sinn, nun Gott ins Spiel zu bringen und zu sagen:»Du bist böse! Der liebe Gott ist traurig über dich!«? Gott hat seinen kleinen Geschöpfen ja eben genau diese Art Erforschung der Umwelt vorgeschrieben. So seltsam es klingt: Vielleicht erfüllen sie seinen Willen einmal sogar darin, dass sie eine Glasscheibe kaputtschlagen.

Es gibt Erziehungsziele, über die man vor dreißig Jahren noch reden musste, die aber heute gänzlich überholt sind. Eines davon ist der Gehorsam. In unserer Kindheit hat man es noch so gelernt: Wer gehorcht, ist in Ordnung. Wer seinem Vater gehorcht, dem Staat, der Kirche, der Partei und vor allem der Mehrheit, ist in Ordnung. Inzwischen weiß man und wusste es natürlich auch, als wir den ersten »Hund« schrieben, dass es im Leben auf andere Fähigkeiten ankommt als auf den Gehorsam. Wem eine Ehe gelingen soll, der muss andere Dinge gelernt haben. Wer an Gott glauben will, muss ein anderes Bild von Gott gefunden haben, als das des himmlischen Aufpassers, der seine Gebote überwacht und den Menschen an seinem Gehorsam misst. In einer Familie fügt man sich in allerlei Regeln. Aber wer seine schmutzigen Stiefel an der Haustür auszieht, tut es nicht, weil er einem willkürlichen Befehl gehorcht, sondern weil er der Mutter keine zusätzliche Arbeit machen will. Er wird auch sonst versuchen, den Anderen durch Sorgfalt oder Pünktlichkeit das Leben zu erleichtern.

Ein anderes untaugliches Ziel für eine Erziehung ist die Leistungsbereitschaft. Es ist gerade in unserem Land Jahrhunderte lang üblich gewesen, einen Menschen an seiner Leistung zu messen. Wir müssen nicht begründen, warum wir meinen, dass das an allem, was ein Leben sinnvoll macht, glatt vorbeigeht. Nein, lieben können ist besser als gehorchen oder leisten. An der lebendigen Phantasie des Herzens zeigt es sich, wenn ein Mensch auf der richtigen Spur ist.

Aber nun sagen wir auch das Umgekehrte: Je kleiner ein Kind ist, desto dringender ist, dass es – vielleicht ganz mechanisch – gehorchen kann. Ein Kind steht auf der anderen Straßenseite, während der Verkehr vorüberflutet, und hört die Mutter rufen: Bleib drüben! Wenn ihm das Gehorchen nie anerzogen wurde, überlebt es nicht lange. Wenn es am Herd hantiert und den Ruf: Lass das! Geh weg! nicht beachtet, wird es eines Tages den heißen Topf herunterreißen. Aber diese Art von Gehorsam hat mit zunehmendem Alter einen abnehmenden Sinn. Dass ein Achtzehnjähriger die Straßenverkehrsordnung einsieht, wird man von ihm erwarten. Aber da geht es nicht mehr um den Gehorsam, sondern um Einsicht.

Was uns heute wichtig sein muss, ist, dass aus einem Kind ein freier Mensch wird. Was uns als Horror vor der Seele steht, ist die weit verbreitete Pathologie des »Normalen«, dem unsere Kinder folgen sollen oder freiwillig folgen, wenn sie unter anderen Kindern ihrer Platz behaupten wollen. Was rieselt auf unsere Kinder, zu Hause und anderswo, nicht alles herab aus dem Fernsehen an Werbung und anderem Müll, den man gesehen haben muss, um mitreden zu können! Was verdaut ein Kind heute nicht an Gewaltdarstellung und was muss es nicht selbst an »Waffengebrauch« praktizieren, um »toll« zu sein. Was muss es nicht an Markenklamotten haben wie andere Kinder! Man bekommt, was man will. Es gibt weder Verzichten noch auch nur Warten. Die Schränke sind voller Zeug, und sie sind der Ersatz dafür, dass die Eltern ihre eigenen Wege gehen und ein Gespräch kaum stattfindet.

Es geht da um zweierlei: Einmal um die freundliche Standfestigkeit der Eltern. Dass sie nicht für alles und jedes das Geld haben, wird ein Kind lernen müssen zu verstehen. Und auch, dass Eltern nicht nach jeder Bettelei der Kinder umfallen. An der Ladenkasse stehen die Regale mit den Süßigkeiten, die kauft man nicht, wenn die Mutter einmal erklärt hat, dass sie es nicht tun wird. Das festzuhalten ist für eine heutige Erziehung unentbehrlich.

Es geht zum anderen um die Einübung eines selbstständigen Geschmacks und eines eigenen Willens beim Kind. »Wir machen das anders als Müllers.« »Man muss nicht mit den Wölfen heulen oder mit den Schafen blöken.« »Man muss nicht uniformiert leben, wie der Markt es will.« Uns ist klar, dass das für Kinder sehr schwer werden kann. Als ich – Jörg – ein Kind war, hatte unsere Mutter kein Geld für den Friseur. Sie schnitt uns vier Brüdern die Haare selbst und zwar so, dass wir uns vorkamen wie die Vogelscheuchen. Die Belehrung folgte:»Man muss auf das, was die anderen sagen, nicht hören.« Das war eine klare Überforderung, auch wenn ich sagen muss: Es hat uns neben viel anderem, mit dem unsere Mutter uns in den dreißiger Jahren – auch politisch – gegen den zeitgenössischen Strich gebürstet hat, wirklich zu den Anfängen einer gewissen Unabhängigkeit hingeführt.

Und was unsere Erziehungsweise angeht: Die pädagogischen Konzepte wechseln wie das Wetter. Die Tagesmeinungen, was denn ein Kind brauche, auch. Wir haben nie ein Buch gelesen, nur weil man es »gelesen haben musste«, und wir haben nicht viel versäumt. Trends haben im allgemeinen weniger vom Zeitgeist an sich, als von der Zeit-Dummheit. Wichtig ist, dass wir, wenn wir unser Kind zur Selbstständigkeit erziehen wollen, ihm Freiräume öffnen, in die es hineinwachsen kann, indem es seinen wirklichen, eigenen Möglichkeiten begegnet und indem seine Liebesfähigkeit sich in konkretem Tun heranbilden kann. Denn auf sie wird es zuletzt immer ankommen.

Grenzen setzen – Konsequenzen zeigen

Als wir Kinder waren – also vor urlanger Zeit – bestand die moralische Erziehung von Kindern aus Verboten und aus der Drohung mit Strafen. Es muss heute nicht mehr begründet werden, dass dieses archaische Verfahren für eine christliche Erziehung gänzlich ungeeignet ist und also ausfällt. Das Wort »Strafe« gehört zusammen mit dem Wort »Gehorsam«. Nur wo Gehorsam gefordert wird und Ungehorsam eintritt, kann von Strafe die Rede sein. Nur wo ein Befehl gegeben wird, kann der andere »ungehorsam« sein. Wenn aber Gehorsam gefordert wird, muss Ungehorsam bestraft werden. Strafe aber besteht darin, Leid zuzufügen.

Setzen wir aber im Umgang in einer Familie auf die Phantasie des Liebens, so muss an die Stelle der Strafe bei Versagen oder Fehlhandlungen etwas anderes treten. Setzen wir an die Stelle des Befehls eine Regel für das gemeinsame Leben, die alle einsehen und an die sich alle halten können, dann wird, wer die Regel nicht einhält, die natürliche Folge seines Tuns übernehmen müssen. Es geht dann darum, dass wir uns gemeinsam klarmachen, was hier aus dem Gleichgewicht geraten ist, auf welche Weise eines der Kinder sich von seinen Eltern oder seinen Geschwistern isoliert hat und was die natürliche Folge davon ist.

Ein paar Beispiele. Irgendwo haben wir einmal gelesen, wie einer aus seiner Kindheit erzählt hat. Ein Fest stand bevor, das Bord mit Kuchen und Torten stand voll mit Herrlichkeiten. Dazwischen stand ein riesiger Baumkuchen mit Teignasen, die sich beim Backen bilden und die mit Schokolade überzogen das gewisse Besondere solcher

Kuchen ausmachen. Der Erzähler und sein kleiner Bruder standen davor. Eine Schokoladennase würde niemand bemerken. Also brach man sie ab und aß sie. Sie war wunderbar. Also aß man mit zunehmend schlechtem Gewissen alle anderen auch. Später wunderten sich die beiden, dass niemand schimpfte, obwohl die Torte natürlich niemand mehr angeboten werden konnte. Am Abend, beim Essen, aßen alle anderen ein gutes, schönes Abendessen – auf dem Teller der beiden Buben war eine kleine Scheibe von der Torte. Anderntags beim Frühstück ebenso wie mittags und abends. Am dritten Tag ebenso, und das so lange, bis die Torte aufgegessen war. Sie brachten sie kaum mehr hinunter. Aber das war klar. Die Torte konnte den Gästen nicht mehr angeboten werden, wegwerfen konnte man sie auch nicht. Also musste jemand sie essen. Und das waren – logischerweise – die beiden.

Einfacheres Beispiel: Der kleine Daniel kommt mit vor Schmutz starrenden Schuhen aus dem Garten. Der Fußboden sieht entsprechend aus. Niemand schimpft, aber der Vater drückt ihm einen Scheuerlappen in die Hand und einen Eimer. Damit ist alles klar. Oder: Julian sieht im Garten zu, wie die Mutter arbeitet. Die Mutter bittet ihn, ihr ein paar abgeschnittene Blätter auf den Kompost zu tragen. Er steht, die Hände auf dem Rücken, und tut nichts. Am Nachmittag steht er vor der Tür im Wohnzimmer und will sie aufmachen. Er ist aber zu klein. Mach mir die Tür auf! sagt er zur Mutter. Aber die Mutter rührt sich nicht. Als er wütend wird, sagt sie ihm freundlich: Du weißt, dass bei uns jeder jedem hilft. Da fällt ihm die Szene im Garten ein. Oder: Wer zum Essen zu spät kommt, nimmt am Essen jedenfalls erst von dem Augenblick an teil, in dem er ankommt. Was schon auf dem Teller bei anderen gewesen war, das ist vorüber.

Solche Konsequenzen machen viel überflüssig. Es wird überhaupt nicht geschimpft. Es wird nicht gestraft. Es wird nicht gedroht. Es gibt keine Bestechung: Wenn du das und das tust, dann bringe ich dir etwas Gutes mit. Es gibt nur die geltende Verabredung: Wir fangen gemeinsam an zu essen. Wer Schmutz macht, wischt ihn selber auf. Wer will, dass ihm geholfen wird, der hilft. Wer nicht will, dass er auf andere warten muss, ist pünktlich. An erster Stelle steht das gemeinsame Leben, die Interessen der Einzelnen richten sich danach, und das gilt für die Erwachsenen so gut wie für die Heranwachsenden wie für die Kinder. Schwierig ist daran nur jeweils die Frage, worin denn die sachliche Folge irgendeines Fehlverhaltens liegen mag.

Was ist das Gewissen? Wie entsteht es?

Das Gewissen ist eine schwierige Sache. Nicht nur, dass ganz unklar ist, worin es eigentlich besteht oder wessen Stimme sich da meldet, sondern vor allem auch, dass es ganz unterschiedliche Dinge sagt. Was der eine für verboten hält, scheint dem anderen erlaubt. Was für den einen überhaupt keine Gewissensfrage ist, das ist für den anderen ein Muss, dem man nicht ausweichen kann. Wenn es einfach, wie man früher gesagt hat, Gottes Stimme wäre, müsste es jedem dasselbe sagen. Über alle Lebensgebiete hin, bei der Wehrdienstverweigerung, bei der Abtreibung, bei den sozialen Fragen, bei der Sterbehilfe, aber auch einfach im politischen oder wirtschaftlichen Tageskampf. Beim Sagen der Wahrheit zum Beispiel urteilen die Menschen nach ihrem Gewissen und kommen dabei zu ganz verschiedenen Weisungen, denen sie sich fügen oder nicht. Das ist auch unter Christen so, obwohl man doch eigentlich denken sollte, sie hätten gemeinsame Maßstäbe.

Was ist denn das Gewissen? Es ist ja kein Einzelteil des Menschen. Es ist kein Organ wie die Niere, es ist auch kein Hirnbereich wie das Sehzentrum. Wenn einer das Gehirn untersucht, wird er auf kein Gewissen stoßen. Der Grund ist einfach. Das Gewissen ist der ganze Mensch mit allem, was zu ihm gehört. Es ist die Erbmasse, die er mitbekommen hat, es ist die Erziehung, die ihn geprägt hat. Es ist die ganze Fülle von Erfahrungen, die er bisher gesammelt hat. Es sind die Verletzungen, die das Leben oder irgendein Mensch ihm beigebracht hat. Es ist seine geistige Normalität oder seine Besonderheit. Es ist die Willenskraft, die er hat oder nicht hat. Seine Lernfähigkeit.

Seine Fähigkeit, Wirklichkeit wahrzunehmen, oder sein Wunsch, sie zu verdrängen. Es ist seine Liebesfähigkeit oder seine Angst, seine Freiheit oder seine Abhängigkeit von Menschen, Moden und Meinungen. Alles zusammen, was ihn ausmacht, macht auch sein Gewissen aus.

Wenn er also nach seinem Gewissen entscheidet, so entscheidet er mit allen Kräften seines Herzens und seiner Seele, seines Verstandes und seiner Erfahrungen. Er verantwortet, was er tut, mit seiner ganzen Person. Er haftet für alle Folgen. Und er weiß zugleich, wenn ihm das klar ist, dass er keineswegs frei entscheidet, sondern auf der Grundlage von hundert Voraussetzungen, die er nicht selbst geschaffen hat und die bei anderen ganz anders liegen, und immer so, dass seine Entscheidung verquickt ist mit dem Denken und Meinen, dem Wollen und Wirken unzähliger anderer Menschen.

Nun steht ein solcher Mensch als Vater oder Mutter vor der Aufgabe, Kinder zu erziehen. Er wird sie natürlich so erziehen wollen, dass sie ähnliche Vorstellungen von Gut und Böse entwickeln wie er selbst. Er wird es als Niederlage empfinden, wenn die Kinder zu ganz anderen Überzeugungen gelangen. Er wird vielleicht sogar meinen, sie seien missraten oder böse oder zumindest »schwierig«. In Wirklichkeit sind sie nur einfach andere Menschen.

Denn das Gewissen Ihres Kindes ist nichts Anderes als das ganze Kind, so, wie es sich unter Ihrer Behandlung und Erziehung entwickelt. Es hat seine eigene Nase, seine eigene Stimme und seinen eigenen Willen, und so wenig Sie Ihr Kind einfach gegen ein anderes tauschen möchten, so wenig können Sie verlangen, dass sein Gewissen austauschbar ist und sich etwa dem Ihren angleicht. Es gibt in der Bibel ein Gebot, man dürfe sich von Gott »kein Bild machen«, das heißt, man dürfe Gott nicht festlegen wollen, nicht bestimmen, wie er sein dürfe und wie nicht. Das gilt auch vom anderen Menschen. Auch ihm darf ich nicht vorschreiben, wie er sein müsse, auch nicht meinem eigenen Kind.

Frage ich nun nach dem »christlichen« Gewissen – das heißt, frage ich Jesus, worauf es denn letztlich ankomme, dann höre ich: Gut ist, was aus der Liebe kommt, aus der Hingabe, aus dem inneren Frieden und aus der Achtsamkeit. Das »christliche Gewissen« ist nichts weiter als der liebesfähige Mensch.

Ihr Kind, das jetzt noch klein ist, wird später sagen: »Ich will«, »ich mag nicht«, »ich mache das nicht so wie Mutter«, »ich sehe das ganz anders als Vater«. »Ich will, dass meine Ansicht respektiert wird.« Es hat Recht, und Sie sollten ihm die Freiheit, so zu sein, wie es gerne sein möchte, gönnen, denn wer nach seinem Gewissen leben soll, muss sich bewegen können. Sie müssen damit einverstanden sein, dass es schon jetzt dann und wann an allen Autoritäten, auch an der Ihren, vorbeientscheidet.

Noch einmal: Das Gewissen ist zuerst die Stimme der Mutter. Das kleine Kind hört die Mutter sagen: Nein, nein!, wenn es das Brüderchen schlägt. Wenn es das zwanzigmal gehört hat, sagt die »Stimme des Gewissens« in ihm: Nein, nein!, sobald es angesichts des störenden Brüderchens in den Händchen zuckt. Es ist nicht die Stimme Gottes, sondern die der Mutter. Es gehört aber später viel Lebenserfahrung und viel Ehrlichkeit den eigenen Wünschen gegenüber dazu, dass ein Mensch am Ende aus den vielen Stimmen, die wirklich eigene heraushört oder gar die Stimme Gottes, die ihm allmählich hörbar wird, und bis er, was sie ihm sagt, in das gemeinsame Leben unter den anderen Menschen einzubringen vermag. Man könnte sagen: Ein Kind ist dann auf dem Weg zu einem eigenen Gewissen, wenn es fröhlicher und sicherer wird durch das, was es erlebt und was es tut, und wenn seine Beziehungen zu Eltern, Geschwistern und Freunden reicher und selbstverständlicher und sicherer werden.

186

Fehlverhalten und neuer Anfang

Und was heißt dann, gut miteinander umgehen? Es heißt zum Beispiel, immer, wenn man gegeneinander einen Vorwurf erhebt oder eine Kritik ausspricht, prüfen, ob man selbst nicht im selben Spital krank ist. Es heißt: Wenn wir etwas versprochen haben, dann sehen wir zu, dass wir es auch erfüllen. Wir machen unsere Augen auf, so dass wir sehen, was im anderen vorgeht. Ob er gesund ist oder krank, ob er Angst hat, ob er sich wohlfühlt oder nicht. Und dann fragen wir uns, was wir tun können. Die Geschichte vom barmherzigen Samariter versteht jedes Kind. Wenn irgendwo ein großer oder kleiner Mensch verachtet wird, verspottet oder ausgeschlossen, dann stehen wir ihm bei, auch wenn uns dann derselbe Spott trifft. Was gerecht ist, kann jedes Kind beurteilen. Wir sind vorsichtig, wenn wir meinen, wir hätten Recht. Denn wichtiger als Rechthaben ist, dass wir, was zu tun ist, gemeinsam tun.

Das Feld ist weit. Wir können mit den Kindern zusammen unzählige Regeln erfinden, die unser gemeinsames Leben schöner und verlässlicher machen. Aber wie es so ist: Ein reibungsloses Familienleben haben wir nirgends gefunden. Nirgends ist uns die heile Welt begegnet, auch nicht in unserem eigenen Kreis, wohl aber fanden wir manche Mutter, die bis zur Verzweiflung damit beschäftigt war, Frieden zu stiften, und manchen Vater, der mit der Reglosigkeit eines Dickhäuters den Streit seiner Kinder überhört hat. Eltern machen immer etwas falsch, und die Kinder, so süß sie aussehen, treten nirgends als Engel auf die Bühne. Was also tut man, wenn wieder etwas schief geht?

Jugendlichen Forscherdrang und Experimentierfreude sollten Sie auch nach kleinen Pannen nicht unterdrücken.

– Eine erste Regel kann so lauten: Alles, was der Tag gebracht hat, wird noch am selben Abend ausgeräumt. Nichts Verdrießliches, kein Vorwurf und kein Streit wird über die Nacht hinüber verlängert.
– Eine zweite Regel so: Es wird ganz offen geredet. Alles kommt zur Sprache, wenn das Kind auf das Gute-Nacht-Sagen wartet. Es wird auch von dem geredet, was Vater oder Mutter falsch gemacht haben. Und alles, was vorfiel, wird um seine Wichtigkeit gebracht dadurch, dass wir einander unsere Liebe versichern. Vielleicht können wir am Ende ganz befreit darüber lachen.
– Und eine dritte Regel wird sein: Am andern Tag wird mit keinem Wort und keiner Andeutung mehr davon geredet. Es beginnt wirklich ein neuer Morgen.

Was soll am Ende erreicht sein?

Niemand muss vollkommen sein,
auch Eltern nicht

Wahrscheinlich geht es Ihnen, wie es uns ging, dass Sie vor Ihrer großen Aufgabe manchmal verzagen möchten. Zum Glück hängt nicht alles an unserer Erziehungskunst. Kinder gedeihen oft trotz mangelhafter Erziehung, oder sie kommen trotz aller redlichen Bemühung ihrer Eltern in Schwierigkeiten. Kinder bringen ihre Gaben und ihre Grenzen, ihr Wesen und ihr Geschick schon zu einem guten Teil mit, wenn sie auf die Welt kommen. Sie entwickeln sich unter Einflüssen und Erfahrungen, die die Eltern nur sehr teilweise kontrollieren können, und die Erziehung im Elternhaus kann weder alles erreichen noch alles verderben.

Und vor allem: Kein Leben gelingt durch die vollkommene Leistung. Auch kein Leben von Müttern oder Vätern. Es gelingt bei aller Unvollkommenheit, wenn Liebe von ihm ausgeht oder wenigstens die Bemühung um Liebe. Und es gelingt darin, dass es sich der Liebe anvertraut, aus der es selbst kommt, der Liebe Gottes. Darin, dass es sich dieser Liebe zuwendet in den Mühen und Schwierigkeiten dieses Lebens, und dass es am Ende bewusst und dankbar zu dieser Liebe heimkehrt. Das ist es, was Jesus zeigt. Das ist es, was eine christliche Erziehung Kindern vermittelt und an was die Erziehenden sich halten dürfen.

Nichts in dieser Welt ist vollkommen. Und niemand muss vollkommen sein. Vollkommen ist allein Gott, und auch an ihm wird mancher Manches aussetzen. Wenn Ihr Kind vor Ihnen steht und zu Ihnen aufblickt, dann sieht es zwar einen großen Menschen, aber beileibe keinen vollkommenen. Natürlich sollen Sie ihm in diesem und jenem Vorbild sein. Natürlich schaut es Ihnen ab, wie man sich benimmt und wie man als großer Mensch lebt. Aber das heißt nicht, dass Sie fehlerlos sein müssen. Im Gegenteil: Ein Vater, der seinem Kind gegenüber einen Fehler macht und dann klar sagt:»Das war ein Fehler«, ist das viel tauglichere Vorbild als der fehlerlose oder der, der behauptet, es zu sein. Jeder darf Fehler machen, und jedes Kind wird das verstehen. Sein Vertrauen verliert es nicht dadurch, dass es sieht: Die Mutter dreht durch. Die Mutter hat sich auch nicht in der Hand. Auch die anderen Erwachsenen tun Dinge, die nicht richtig sind. Wenn der Erwachsene es fertig bringt, dem Kind gegenüber auch einmal»Entschuldigung!« zu sagen, dann bleibt die Beziehung unbeschädigt.

Und das gilt für die Eltern auch Gott gegenüber. Auch Gott verlangt keinen fehlerlosen Menschen, sondern nur den, der das Seine tut, sich seiner inneren und äußeren Schwierigkeiten bewusst ist und sich mit allen Fehlern ihm, dem barmherzigen Gott, anvertraut.

Wie dankbar sollen Kinder sein?

Manche Mutter empfindet schmerzlich, dass Kinder von Natur undankbare, anspruchsvolle Wesen sind und erst nach langer Dressur bereit sind, Dankbarkeit zu äußern. Aber lassen Sie uns dazu etwas sagen, das Sie vielleicht zunächst überrascht: Es ist sinnvoll, wenn ein Kind sich daran gewöhnt, der Tante die Hand zu geben und »danke« zu sagen, wenn es eine Tafel Schokolade bekommen hat. Das Dankesagen ist ein Training auf Höflichkeit und Nettigkeit hin. Aber kein Kind wird es sinnvoll finden, dass es seinen Eltern dankbar sein soll, weil es versorgt wird, weil es sein Bett hat, weil man Geld für es ausgibt und so weiter. Das Kind empfindet klar, dass die Eltern damit etwas tun, das sie selbst gewollt haben. Sie haben sich Kinder gewünscht und tun nur etwas Selbstverständliches, wenn sie sie versorgen.

Natürlich soll ein größeres Kind seiner Mutter auch dann und wann einen deutlichen Dank sagen. Es soll merken, wie viel es seine Mutter kostet, dass es ihm gut geht. Es wird dann auch einmal einen Schritt weiterdenken und auch Gott gegenüber, der ihm das Leben, die Gesundheit und die Eltern gegeben hat, ein dankbares Staunen empfinden. Aber grundsätzlich ist das Verhältnis zwischen Mutter und Kind kein Verhältnis auf Gegenseitigkeit.

Die Mutter bringt ein Kind zur Welt. Das Kind ist ihr so viel wert, dass sie ihm ihre Zeit opfert, ihre Freiheit, ihre Kraft, vielleicht ihren Beruf, vielleicht sogar ihre Freundschaften und eine ganze Menge an Geselligkeit und Lebensgenuss. Sie ist dabei keine Heilige, die man aus den Müttern schnell macht, und auch kein Opfertier. Sie gibt ja nur etwas her, was ihr weniger wert ist als das Kind.

Und wenn ihr Kind eines Tages groß ist, tut es möglicherweise dasselbe: Es wünscht sich Kinder und gibt für sie Zeit und Freiheit dran, weil ihm an Kindern mehr liegt als an allen möglichen Lebenschancen sonst.

Grundsätzlich ist die elterliche Liebe eine Einbahnstraße. Wenn Dankbarkeit zurückkommt, ist der Mutter ein nicht selbstverständliches Glück widerfahren. Andererseits danken Kinder durchaus, und zwar durch ihr Vertrauen. Da geht Benjamin in die Küche und hilft der Mutter beim Abwaschen. Wer dieser Geste misstraut, sagt vielleicht: Er tut es, weil er auf diese Weise die Mutter für sich allein hat. Aber wahrscheinlich ist es doch eine Geste der Zuneigung. Oder: Mutter liegt krank im Bett. Lara und Mirjam bringen alle ihre Spielsachen, breiten sie im Bett und ums Bett her aus und spielen bei ihr. Das ist nicht nur der Versuch, die Mutter »haben« zu wollen, sondern auch eine Liebeserklärung. Und in solchen oft missverständlichen Zeichen des Vertrauens drückt sich die eigentliche Dankbarkeit der Kinder aus.

Im guten Fall wird das Kind als erwachsener Mensch seinen Eltern so viel wie möglich Liebes tun, weil es mit ihnen zusammengehört, und wird sie versorgen und pflegen, wenn sie es eines Tages brauchen. Aber das wird es aus Liebe und Hingabe tun und nicht in erster Linie deshalb, weil es das in der Kindheit Empfangene »zurückgeben« will.

Die Forderung, die Kinder müssten ihren Eltern dankbar sein, ist deshalb gefährlich, weil sich in ihr leicht die Meinung verbirgt, die Kinder dürften nicht ihren eigenen Weg gehen. Die Eltern hätten einen Anspruch auf ihr Kind. Das haben sie nicht. Und wo sie ihn erheben, beginnen sie das Liebesverhältnis zu ihrem Kind bereits zu zerstören.

Eltern, die ihrem Kind vorwerfen: »Du bist undankbar«, empfindet das Kind auf alle Fälle als kleinlich und gekränkt. Die Dankbarkeit, die die Eltern fordern, ist tot schon deshalb, weil sie gefordert wird. Sie entsteht von selbst, wo das Kind erlebt, dass der Vater und die Mutter einander für ihre Liebe und Treue dankbar sind. Und sie entsteht seltsamerweise am leichtesten dort, wo es erlebt, dass seine Eltern es freilassen, ohne irgendwelche Forderungen zu stellen. Aber dieses Freilassen will gelernt sein. Bei einem arabischen Weisen heißt es:

Deine Kinder sind nicht deine Kinder.
Sie kommen durch dich, aber nicht von dir,
und obwohl sie bei dir sind, gehören sie dir nicht.
Du kannst ihnen deine Liebe geben,
aber nicht deine Gedanken,
denn sie haben ihre eigenen Gedanken.
Du kannst ihrem Körper ein Heim geben,
aber nicht ihrer Seele,
denn ihre Seele wohnt im Haus von morgen,
das du nicht besuchen kannst,
nicht einmal in deinen Träumen.
Du kannst versuchen, ihnen gleich zu sein,
aber suche nicht, sie dir gleichzumachen.
Denn das Leben geht nicht rückwärts
und verweilt nicht beim Gestern.
Du bist der Bogen, von dem deine Kinder
als lebende Pfeile ausgeschickt werden.
Lass deine Bogenrundung in der Hand des Schützen
Freude bedeuten.

Khalil Gibran

Abgeben und vertrauen

Das Gefühl, ihr Kind hergeben zu müssen, beschleicht die Väter und die Mütter spätestens an jenem Morgen, an dem der Abc-Schütze zum erstenmal zur Schule geht und dort von einem fremden Lehrer und von einem Saal voll fremder Kinder aufgenommen wird. Man will ja sein Kind bewahren. Zu Recht. Und in das Bewahrenwollen mischt sich auch der Wunsch, dieses Kind möge immer ein Kind bleiben und nie erwachsen werden. Es ist die Versuchung, sich unentbehrlich zu machen, die Versuchung, das Kind sein Leben lang an die glücklichste Zeit zu binden und ihm die innere Loslösung zu erschweren. Die Mütter, die mit dieser Gefahr nichts zu tun haben, möchten wir unter die Wunder der Natur zählen. Aber der Wunsch der Mütter, ihre Kinder zu bewahren, ist andererseits auch sehr begründet. Sie wollen sie ja nicht nur vor den Autos auf der Straße oder den Prügeleien kleiner Buben bewahren. Sie kennen ja auch die »unsagbare Traurigkeit«, die den Dichter Manfred Hausmann beschleicht, als er seinem vergnügten kleinen Sohn zuschaut: »Wie wird das Leben dir noch mitspielen! Und ich kann dich nicht davor bewahren, ich nicht und keiner. All die Qual und Schuld, die dir bereitet ist in der Welt, ich kann dich nicht davor bewahren.«

Natürlich weiß die Mutter, die ihrem Kind nachschaut, dass es frei werden, sich eine neue Welt erobern, neue Freundschaften schließen und neue und andere Konflikte durchstehen muss. Aber das nimmt ja nicht die Sorge weg, wie dieses kostbare, verletzliche Wesen bewahrt werden kann und ob die innere Verbindung erhalten bleibt.

»Bei meinen Eltern können wir nicht wohnen.
Die wohnen noch bei ihren Eltern.«

Ob die Liebe und das Vertrauen bleiben? Das hängt daran, wie viel Freiheit wir lassen können. Es ist überall so: In dem Maß flößen andere Menschen uns Vertrauen ein, in dem sie unsere Freiheit respektieren oder gar vergrößern und erweitern. Vor allem, wenn sie es tun, obwohl sie auch befehlen oder zwingen könnten. Freiheit lassen heißt nicht, ein Kind einfach laufen lassen. Es heißt nicht sagen: Es ist mir gleich, was du tust. Aber es heißt, und zwar, je mehr das Kind heranwächst, um so deutlicher: Ich respektiere es, wenn du es so oder so versuchst, und wenn du merkst, dass es nicht der richtige Weg war, dann bin ich für dich da.

Wann ist denn eine Erziehung gelungen? Es gibt ein paar Merkmale, an denen wir es ungefähr ablesen können: Sie ist gelungen, wenn die Kinder ihren eigenen Weg finden und ihre eigenen Maßstäbe und wenn sie dabei von ihren Eltern lernen konnten, wie man seinen eigenen Weg sucht und findet. Wenn sie wenigstens zeitweise und in manchen Stücken so werden möchten wie ihre Eltern, dabei aber das werden, was in ihnen selbst angelegt ist. Wenn sie ihren Vater und ihre Mutter einigermaßen lieb behalten, auch wenn ihre Wege sie ganz anderswo hinführen als ihre Eltern.

Die Eltern aber, darauf müssen sie sich verlassen können, behalten sie lieb, auch wenn sie auf Wege geraten, vor denen die Eltern sie hatten bewahren wollen, und Dinge tun, die ihren Eltern fremd sind, die ihnen falsch und gefährlich scheinen. Zuletzt geht es ja nicht darum, dass die Kinder das werden, was ihren Eltern gut scheint, sondern das, was für das Kind am Ende gut ist.

Und wie kann eine Mutter ihr Kind vor dem Bösen bewahren, vor dem Scheitern, vor dem Schaden, den es an seiner Seele nehmen könnte? Da gibt es zuletzt nur noch das Gebet oder nichts mehr. Da kann sie, wenn sie am Fenster steht und ihr Kind die Straße hinuntergehen sieht, sagen:»Gott behüte dich!« Oder mit dem Psalm 121:»Der Herr behüte dich vor allem Übel. Er behüte deine Seele. Er behüte deinen Ausgang und Eingang von nun an bis in Ewigkeit.« Wer so spricht, sagt damit: Es gibt eine Grenze meiner Kraft und meiner Fähigkeiten, die ich nicht überschreiten kann. Aber ich kann über diese Grenze hinüberwirken durch ein Gebet. Und wir meinen, in einem solchen alten Gebetswort liege, was Eltern nötig haben: Bewahrung und Segen für ihr Kind und Kraft und Gelassenheit für sich selbst.

Quellenangaben

S. 21 aus: Adalbert Ludwig Balling, Unseren täglichen Reis gib uns heute, © Verlag Herder, Freiburg, 1. Auflage 1984

S. 63 f. Bertolt Brecht, aus: Große kommentierte Berliner und Frankfurter Ausgabe, Band 14, © Suhrkamp Verlag, Frankfurt 1993

S. 67 f. Christian Morgenstern aus: Liebe Sonne, liebe Erde, © Lappan Verlag, Oldenburg

S. 155 aus: Rudolf Kaiser, Indianischer Sonnengesang, © Dover Publications Inc., New York

S. 155 f. aus: Käthe Recheis, Zieh einen Kreis aus Gedanken, © Dover Publications Inc., New York

S. 156 aus: Lanzkowski, Frühwelkende Blumen, © Herder 1983

S. 194 Khalil Gibran, Der Prophet, © Patmos Verlag GmbH & Co. KG/Walter Verlag, Düsseldorf und Zürich

Bibliografische Information Der Deutschen Bibliothek
Die Deutsche Bibliothek verzeichnet diese Publikation in der
Deutschen Nationalbibliografie; detaillierte bibliografische Daten
sind im Internet über http://dnb.ddb.de abrufbar.

1   2   3   4   5   07   06   05   04   03

© 2003 Kreuz Verlag GmbH & Co. KG Stuttgart, Zürich
Ein Unternehmen der Verlagsgruppe Dornier
Postfach 80 06 69, 70506 Stuttgart, Tel. 0711-78 80 30
Sie erreichen uns rund um die Uhr unter www.kreuzverlag.de
Umschlaggestaltung: Agentur Bergmoser + Höller, Aachen
Satz: de·te·pe, Aalen
Druck und Bindung: Clausen & Bosse, Leck

Die Schreibweise entspricht den Regeln
der neuen Rechtschreibung.

ISBN 3 7831 2328 3